绝对成交

RAINMAKING CONVERSATIONS
Influence, Persuade, and Sell in Any Situation

话术内训手册

[美] 迈克·舒尔茨 [美] 约翰·E. 杜尔 —著
(Mike Schultz) (John E.Doerr)

孙路弘 —译

中国科学技术出版社
·北 京·

Rainmaking Conversations: Influence, Persuade, and Sell in Any Situation (ISBN-9780470922231)
by Mike Schultz and John E. Doerr
Copyright © 2011 by Mike Schultz and John E. Doerr
This edition is published by arrangement with John Wiley & Sons International Rights, Inc., Hoboken, New Jersey
Simplified Chinese edition copyright © 2023 by Grand China Publishing House
All Rights Reserved.
This translation published under license with the original publisher John Wiley & Sons, Inc.
No part of this book may be used or reproduced in any manner whatever without written permission except in the case of brief quotations embodied in critical articles or reviews.

本书中文简体字版通过 Grand China Publishing House（中资出版社）授权中国科学技术出版社在中国大陆地区出版并独家发行。未经出版者书面许可，不得以任何方式抄袭、节录或翻译本书的任何部分。

北京市版权局著作权合同登记　图字：01-2022-6182 号。

图书在版编目（CIP）数据

绝对成交话术内训手册 /（美）迈克·舒尔茨,（美）约翰·E. 杜尔著；孙路弘译. -- 北京：中国科学技术出版社，2023.2

书名原文：Rainmaking Conversations: Influence, Persuade, and Sell in Any Situation

ISBN 978-7-5046-9776-9

Ⅰ.①绝… Ⅱ.①迈… ②约… ③孙… Ⅲ.①销售－语言艺术－通俗读物 Ⅳ.① F713.3-49

中国版本图书馆 CIP 数据核字（2022）第 158645 号

执行策划	黄　河　桂　林
责任编辑	申永刚
策划编辑	申永刚　方　理
特约编辑	蔡　波　魏心遥
封面设计	今亮後聲 HOPESOUND　2580590616@qq.com
版式设计	王永锋
责任印制	李晓霖

出　　版	中国科学技术出版社
发　　行	中国科学技术出版社有限公司发行部
地　　址	北京市海淀区中关村南大街 16 号
邮　　编	100081
发行电话	010-62173865
传　　真	010-62173081
网　　址	http://www.cspbooks.com.cn

开　本	787mm×1092mm　1/16
字　数	241 千字
印　张	19
版　次	2023 年 2 月第 1 版
印　次	2023 年 2 月第 1 次印刷
印　刷	深圳市精彩印联合印务有限公司
书　号	ISBN 978-7-5046-9776-9/F·1049
定　价	89.80 元

（凡购买本社图书，如有缺页、倒页、脱页者，本社发行部负责调换）

掌握了 RAIN 模式的说话技巧，
不仅能让你在最短时间成交，
还能让你的客户迫不及待，
一而再、再而三跟你下订单！

致 谢

谨以此书献给埃丽卡。

——迈克·舒尔茨

谨以此书献给克丽丝,约翰·迈克和安德鲁。

——约翰·E.杜尔

前言

开启销售新时代的 RAIN 集团

RAIN 集团介绍

RAIN 集团（RAIN Group）是一家致力于提升销售业绩的咨询机构，坐落于波士顿。RAIN 集团的业务主要集中在销售培训、测试和提升绩效等方面，以此帮助组织机构改善销售成果。

至今，RAIN 集团已经协助近千家企业的数万名销售人员提升了他们的销售业绩。

RAIN 集团协助企业实现如下目标：

◎ 提高销售技能，改善销售成果。
◎ 增加交叉销售和附加销售的机会。
◎ 招聘、录用和留住最优秀的销售人员。
◎ 缩短新入职销售人员的成长周期。
◎ 提升上市新产品的销售率。

自 2002 年以来，RAIN 集团的领导者和咨询顾问们发表了一系列行业标杆报告，诸如《费用与定价标杆基数报告》《销售线索新思路》《客户如何购买》《服务领域营销方案》等。

RainToday.com 是世界上最大的在线营销杂志和会员网站。该网站的主题主要集中在销售、市场营销和服务型企业成长领域。RAIN 集团还有两个官方博客：RainMaker Blog 和 RAIN Selling Blog。

欲了解 RAIN 集团更多信息，请访问 www.RainGroup.com。

关于 *RainToday.com*

RAIN 集团出版发行的网络杂志 *RainToday.com* 已经成为全球行业内最大的在线杂志，提供销售、市场营销和服务型企业成长的资讯，访问 *RainToday.com*，你可以获得如下资源：

◎ 会员服务：为年度会员提供最新的见解、工具和建议，协助你的企业快速成长。

◎ 免费期刊：主题包括市场营销、销售及商业领域的专家建议，如约翰·杜尔（John Doerr）、迈克·舒尔茨（Mike Schultz）、吉尔·克拉兹（Jill Konrath）、迈克尔·麦克劳克林（Michael McLaughlin）、安德鲁·索贝尔（Andrew Sobel）、布鲁斯·W. 马科斯（Bruce W. Marcus）、查尔斯·格林（Charles Green）等营销专家的文章，专业服务领域的销售和营销主题也有涉及。

◎ 成功榜样和行业标杆研究报告，如《今日 RAIN 模式》的分析人员和专家写的《销售线索新思路》《客户如何购买》《费用与定价标杆基数报告》。

◎ 优秀企业的市场营销案例研究。

◎ 世界知名市场营销专家、RAIN 模式高手和商业领袖的访谈。

- ◎ 专为服务型企业的成长而设计的模板和工具。
- ◎ RAIN 模式高手和营销专家的网络视频讲座、研讨会和最新活动资讯。

RainToday.com 会员

会员可以得到更多的见解和建议，并在成长的过程中得到帮助。年度会员还可以无限制获得所有信息、资料和高级文件，除此之外，还可以得到实用工具、案例研究报告和视频课程等。RAIN 模式报告和每周免费期刊提供市场和销售服务方面的实用贴士和技巧，汇聚全球 RAIN 模式高手、领导者和营销专家的智慧，欢迎登录网站订阅。

RainToday.com 研究团队用最佳实践方案和行业标杆报告帮助销售人士、营销者和领导者发展、扩张他们的业务。*RainToday.com* 研究团队报告发布针对不同组织机构的客户化市场研究。

RAINMAKING CONVERSATIONS | 荣誉榜

在顶级销售与市场营销奖（topsalesworld.com）评选中，RAIN 集团斩获六大奖项，其中四项金奖，一项银奖和一项铜奖。

- 顶级销售书金奖：《绝对成交话术内训手册》
- 顶级思想领袖金奖：迈克·舒尔茨和约翰·E. 杜尔
- 销售精英资源网站金奖：www.RainToday.com
- 顶级销售电子书金奖：《销售培训为何失败》(*Why Sales Training Fails*)
- 顶级销售网络研讨会银奖："成功销售培训的 7 个原则"项目研讨会
- 顶级销售精英论文铜奖：《立刻升维你的价值主张的 3 种方法》(*3 Ways to Improve Your Value Proposition Right Now*)

RAIN 集团获奖纪录：

- 《营销力》杂志 2022 年度 Top 20 营销培训公司

- 2022 年度最佳营销培训计划金奖（史迪威奖）
- 布兰登·霍尔卓越奖销售业绩铜奖
- 2022 年度培训行业（Training Industry）"销售培训与赋能"全球 20 强
- 2021 年度全球公司 5000 强

落地实践 RAIN 销售模式全球知名客户：

- 卡里布拉（Covetrus）
- 花旗集团（Citigroup）
- 澳都斯（Optus）
- 丰田（TOYOTA）
- 劳氏（Lowe's）
- 联合利华（Unilever）
- 万豪国际（Marriott International）
- 桑坦德集团（Santander Central）
- 佳能（Canon）
- 汤森路透集团（Thomson Reuters）
- 新百伦（New Balance）
- 英迈（Ingram Micro）
- 乐高教育（LEGO Education）
- 施乐（FUJI Xerox）
- 阳狮集团（Publicis Groupe）
- 奥多比（Adobe）
- 金佰利（Kimberly Clark）
- 安永（Ernst & Young）

RAINMAKING CONVERSATIONS | 权威推荐

菲利普·科特勒（Philip Kotler）
现代营销学大师、西北大学凯洛格商学院国际营销系杰出教授
畅销书《市场营销》（*Principles of Marketing*）作者

销售类图书种类繁多，介绍新方法的却可遇不可求。《绝对成交话术内训手册》这本书，甚至拥有多年经验的专家都值得一读。

莱昂纳德·A. 施勒辛格（Leonard A.Schlesinger）
巴布森学院院长

没有销售，一切都无从谈起。本书中，迈克·舒尔茨和约翰·E. 杜尔提供了关于销售的一切有效方法！《绝对成交话术内训手册》是一本必读书！

汤姆·霍普金斯（Tom Hopkins）
吉尼斯世界销售纪录保持者、全球销售技能训练大师

一部经典已经诞生。

托马斯·达文波特（Thomas Davenport）
全球杰出商业思想家
畅销书《成为数据分析师》（*Keeping Up with the Quants*）作者

  局外人会认为好的销售是运气和个性使然。真正的"RAIN 模式销售高手"却知道这需要努力工作、充足准备和行之有效的方法。现在，除了勤奋，你所需要的一切都在《绝对成交话术内训手册》里。

阿德斯·阿尔比（Ardath Albee）
《复杂营销中的网络营销策略》（*eMarketing Strategies for the Complex Sale*）作者

  《绝对成交话术内训手册》是创造对话的终极战略导向，其重大价值在于能帮你增加预约订单，使你以压倒性优势让别人失去竞争资格。

迈克尔·W. 麦克劳克林（Michael W.McLaughlin）
《赢得专业服务营销》（*Winning the Professional Services Sale*）作者

  舒尔茨和杜尔在赢利销售方面给我们提供了绝妙的指示。他们精准地定位了一个能够呼风唤雨的人的基本素质——掌握销售会谈。不要犹豫了，买下这本书，品读它的精髓，应用它的理论，财源就会滚滚而来。

吉尔·康耐斯（Jill Konrath）
《极速成交》（*More Sales, Less Time*）作者

  现在，业务繁忙的主顾们是不会在你的身上浪费时间的，除非你能让他们在每一次会谈中有所收获。《绝对成交话术内训手册》将教会你把它变为现实。

迈克尔·波特（Michael Port）

《纽约时报》畅销书《自媒体时代，我们该如何做营销》（Book Yourself Solid）作者

销售方面的书籍虽多，但很少有像《绝对成交话术内训手册》一样具备影响力。读了这本书之后，你会看到许多有说服力、清晰而引人入胜的实例，告诉你一种几乎在所有场合都适用的销售途径。让我们向写出如此有魅力书籍的作者舒尔茨和杜尔表示祝贺。

斯库特·金斯伯格（Scott Ginsberg）

著名演说家，《如何成为那样的人》（How to Be That Guy）作者

在这个商业化世界，价值是主要的标杆。RAIN集团的智囊团们已经做了这项工作。它不仅是一本书，更是一首交响曲。他们为销售人员提供了日常训练方法，使他们的付出迅速得到回报。品读这本书，你不是收获一点点，而是会受益匪浅。

彼得·奥斯特罗夫（Peter Ostrow）

Sales Effectiveness Aberdeen Group 研究所所长

在营销界，竞争高度激烈，所有专家们的意见层出不穷，舒尔茨和杜尔提出了一个有说服力的法则去"思考个人方向"，由此来建立和维持与客户之间良好的长期发展关系。

如果你相信销售的成功和服务并不是各自独立的，那么依照你的世界观，你将会高度认同他们教给你的东西，那是关于专业的成功销售所必备的能力、准备工作和技能。如果不是，那你就换一份工作。

大卫·斯特恩（Dave Stein）

ES Research Group, Inc. 创建人及 CEO

我爱这本书。为什么？因为《绝对成交话术内训手册》并不是一本方法空洞，对你的事业没有营养的书。这是一本货真价实的书。

李炳池

杀手文案训练导师、神笔文案创始人

如今商业繁荣，同一类产品或服务，客户可选项太多了。《绝对成交话术内训手册》提出的 RAIN 全流程销售模式正是关注客户的渴望和痛点，让销售人员展示自己的产品或服务的独特价值，从众多竞争对手中脱颖而出，让客户满意并快速成交。

毅　冰

资深外贸人，畅销书《外贸高手客户成交技巧》作者

一年多前我就在香港读过此书的英文原版，RAIN 模式颠覆了销售的固有思维，深入挖掘了"探讨需求"的本质，提供了沟通的技能和说话的艺术，帮你赢得客户前所未有的信赖。销售不再是推销，而是双方的互信和双赢，各取所需。本书能让每个销售人员，变得无比专业、亲切、令人信服。

俞　雷

帝标家居前总裁，"中国杰出经理人"

本书提供了销售各个环节所需的沟通技巧，让人真正体会到"说对了绝对能成交"这一销售哲理。

目录

上编　RAIN 模式准备篇

为什么销售会谈能从"你好"开始，却不能以"成交"结束？客户决定不采购，是"时间杀手"在作怪吗？

面对销售低谷，有人借口说："客户不想要的东西，我当然卖不出去。"而有的人却满怀热情地自我鼓励："是我驱动了客户的需求，而不是客户决定了他的需求。"为什么会有如此差异？

在"电梯推销"的开场白中，你是否融合了产品的核心价值？针对不同的客户，"胶囊"式自我介绍能像复读机一样重复播放吗？

第 1 章　从"你好"到"就这么定了吧"的距离　　3

RAIN 模式——立刻运用，马上见效！　　5
RASP：引爆销售业绩的"核武器"　　10
大师级销售精英都牢记 10 条心法　　14

第 2 章　哪匹狼是赢家？你喂养的那匹！　　17

6 个极残酷的自我剖析　　19
你决定唤醒心中的哪一匹狼？　　23

第 3 章　计划有没有落实？…… 　　　25

　　目标驱动！！！　　　　　　　　　　　　　28
　　"是不是得不到就不罢休？"　　　　　　　29

第 4 章　价值定位：让销售成功率飞升 　　33

　　客户心动购买，背后有一系列理由……　　35
　　独门心法——"3 点定天下"　　　　　　37
　　换个视角就能创造全新的现实！　　　　　40
　　"实际上，我们帮上一位客户多赚了 3 000 万"　　42
　　RAIN 模式的交谈　　　　　　　　　　　47

中编　RAIN 模式理论篇

面对不爱讲话的客户，你该如何"撬开"客户的嘴，来一次大逆转？为什么讲故事是说服客户的最佳法宝？为什么有的人能够多年维护老客户，而有的人则需不断积累潜在客户群？

为什么将解决方案量化后，能快速拿下订单？提交给客户的解决方案，为什么要强调合作前后的对比，显示与竞争对手的差异？

面对多家条件相当的供应商，客户往往只因喜欢谁家的销售人员而决定采购。在销售会谈中，除了向客户阐明能得到的利润回报，你是否考虑过"自我满足感、同事认可"这些感性冲击力呢？

第 5 章　寒　暄　　　　　　　　　　　53

　　每个人都需要"被承认"　　　　　　　　56
　　这些话术能赢得对方喜欢！　　　　　　　61

第 6 章　渴望与痛点　　　　　　　　　63

　　客户痛点的系统挖掘　　　　　　　　　　68

　　　　以建议与协助的方式　　　　　　　　　　　　　　　　72
　　　　逆转：核实客户到底想要什么　　　　　　　　　　　　73

第 7 章　冲击力　　　　　　　　　　　　　　　　　　　75

　　　　帮他解决问题 / 赚更多钱 / 体会巨大成功　　　　　　　77
　　　　"销售提高 7%、节省 3 个月、差错从 450 降到 60"　　　78

第 8 章　新现实　　　　　　　　　　　　　　　　　　　91

　　　　提问要激发客户对未来的憧憬　　　　　　　　　　　　92
　　　　必须，将所有新现实以金钱的方式展现　　　　　　　　94
　　　　罗列清单：图表和数据都极具说服力　　　　　　　　　95
　　　　"合作后，每年省 150 万，4 年可省 600 万！"　　　　99

第 9 章　平衡说服与询问　　　　　　　　　　　　　　103

　　　　为何销售人员总是说太多　　　　　　　　　　　　　105
　　　　你在侃侃而谈，却错过了时机　　　　　　　　　　　106
　　　　提问要有恰当时长，并适时重复对方内容　　　　　　107
　　　　"我想到了几个可能的方向……"　　　　　　　　　108
　　　　"故事"是说服工具箱里最重要的武器　　　　　　　111
　　　　高手的独特之处：擅长动态倾听！　　　　　　　　　112

下编　RAIN 模式实践篇

为什么 80% 的购买行动都是在 5 次拜访后决定的？为什么与潜在客户是大学校友这一关联优势却比你的行业优势更能取得好的效果？与客户商定时间时，为什么不能回答"到时候再说"？

对于客户出现的问题，你是提供"邦迪贴"，还是询问"为什么"来找到背后的原因，成为彻底解决问题的专家？当客户对价格提出异议时，

> 是否只是因为"每次都能得到降价"这个惯性使然？
> 在销售会谈开始前，你曾因缺乏准备工作、自我竞争力不强、说话穿着不得体、将客户当成假想敌、追求单赢而非双赢而失去会谈的机会吗？

第 10 章 "5 个为什么"：深挖需求，获得订单　　121
　　越深入挖掘，签约额越高　　123
　　针对根本原因提供解决方案　　127

第 11 章 左右客户决策，还应主导其采购流程　　131
　　强制控制：你在创造抵触氛围！　　132
　　16 条影响力原理：RAIN 模式高手致胜要诀　　133

第 12 章 这 8 个对话阶段，全面掌控客户会谈　　153
　　不要过早地讲出解决方案　　154
　　娴熟运用 8 个阶段 = 签约！　　156

第 13 章 电话销售——挖掘客户无法回避的难题　　173
　　谁在驱动需求，销售人员还是客户？　　174
　　电话陌拜：是否被挂断完全取决于你！　　178
　　销售高附加值产品：用 FAINT 模式搞定　　181
　　"我没兴趣。""挂断前，我能问一个问题吗？"　　183
　　万事开头难，只管开始打电话邀约吧！　　190

第 14 章 客户异议，背后的弦外之音……　　201
　　处理完异议，必须回到原话题上　　205
　　如何应对"现在主要是价格问题"？　　209
　　抢在客户之前将异议提出来！　　213

第 15 章　处处为客户着想，但必须拿到合约！　217

销售的两个硬道理：卖出去，卖上价　220
按清单整理出手中的王牌　221
我们只销售一个东西：自信！　223

第 16 章　卓越的表现，建立在核心知识上　227

10 万美元订单缘何不翼而飞？　228
"知识是销售的食粮"　230

第 17 章　成功来自有备而来　237

备战问题 1：客户的现状是什么样的？　238
备战问题 2：针对这个客户，我的销售目标是什么？　239
备战问题 3：我期待的会谈结果是什么？　240
备战问题 4：我的关联优势有哪些？　240
备战问题 5：我的相对弱势有哪些？　241
备战问题 6：下次见面前，我应该落实哪些行动？　242

第 18 章　这些失误别犯，签约机会不断！　243

销售会谈开始前就存在的失误　245
开场白阶段隐藏的失误　247
交谈过程中出现的失误　250
自我弱点引发的失误　252

附　录 A　制订目标与行动规划的模板　265

附　录 B　与客户沟通的邮件模板　271

附　录 C　挖掘潜在客户时的注意事项　273

附　录 D　业务发展联络规划示例　277

后　记　281

上编　RAIN 模式准备篇

专家导读

赵四，从 16 岁起就跟随张学良，当时的张学良是有家室的人，第一年，周围的人说赵四与少帅鬼混。10 年过去了，两人还在一起，人们开始说他们是患难真情。30 年过去了，两人还在一起，社会开始承认赵四不可替代的位置。连续 60 年过去了，张学良与赵四之间就叫千古爱情。此事的重要启示：很多事情不看你做什么，而看你做多久。

不过，以上这段话的意思还有另外一种表述方式：天下任何事情，不论大小；天下任何人物，不论男女；天下任何目标，不论难易，最终都需要持之以恒，坚持下去，哪怕看起来不是那么奇妙的做法，哪怕看起来不是那么灵光的行动，哪怕看起来不是那么闪亮的日子，只要从 1 天变成 10 天，从 10 天变成 10 个月，从 10 个月变成 10 年，从 10 年变成 30 年，任何事情都能够如愿，任何人物都能够成功，任何目标都能够实现。

作为读者，你觉得以上两段，哪段更加符合你阅读的口味？如果是第一段，我强烈建议你就不用先阅读上编了，等把这本书下编的实战案例、故事看得差不多了，再回来阅读具有总结性质的上编。如果第二段符合你的阅读习惯，符合你的学习次序，那么，你可以现在开始阅读上编。

　　上编本质上符合在学校中好好学习的人的阅读习惯，是先总结了全书的要点，让读者在阅读全书时脑海中有一个地图，建立一个全局的概念，形成完整的意识，这样在学习具体章节的时候，能够将这个地图拼接起来，从而有可能融会贯通。

　　从事销售的人，我了解的不少，我的建议是先不用阅读上编，从后面随意翻阅，看哪个标题你感兴趣，从那里入手阅读，读完100页后，再回来阅读上编，也许体会完全不同。

　　同时，请在这里写下今天的日期：＿＿＿年＿月＿日。

　　你也可以写出这一部分的阅读心得，发给这本书的译者，我的邮箱是 yes4you@gmail.com。

孙路弘

第 1 章

从"你好"到"就这么定了吧"的距离

为什么销售会谈能从"你好"开始，却不能以"成交"结束？

接触潜在客户时仅凭寒暄拉近关系是肤浅的吗？

客户决定不采购，是"时间杀手"在作怪吗？

如果想法改变，态度就会改变；如果态度改变，行为就会改变；

如果行为改变，习惯就会改变；如果习惯改变，人格就会改变；

如果人格改变，命运就会改变；如果命运改变，人生就会改变。

畅销书《世界上最伟大的推销员》作者奥格·曼狄诺

星期四下午 4 点左右，你走进一家公司，这家公司的总裁见了你。沟通就这样开始了，你们彼此握手，并互相问候："很高兴见到你，吉尔，我是史蒂夫·韦博。"

4 个月后的星期三下午 3 点，你再次走进吉尔的办公室，吉尔从办公桌后面站起来迎接你："史蒂夫，很高兴又见到你。就这么定了吧，都给你准备好了，120 万的支票，项目应该马上就会启动，让我们在下周五举行一个启动仪式吧！"

说到这足够了吧！现实的销售过程有多少都是停留在"很高兴见到你"与"就这么定了吧"这两句话中间。千真万确的是故事都在开幕与闭幕之间，沟通是建造从"你好"到"就这么定了吧"之间的桥梁。

作为销售培训师、销售经理，甚至销售人员，我们有机会观察和分析成千上万的销售电话以及面对面销售的场景。最常见的情况是，我们可以听到"你好"，却听不到"就这么定了吧"，归根结底都是由沟通中的各种失误导致的。当然，还有大量对话其实根本就是销售人员无法控制的。销售交流受限等于成交机会受限。

于是我们就写了这本书。本书的主旨在于"通过沟通对话拿订单",对所有的销售人员、商业领袖、专业人士以及希望与他人进行高水平交流的人士都有帮助。这些沟通技巧将帮助你赢得合约,创造利润,获得更多客户、并发展更稳健的客户关系。

RAIN集团(RAIN Group)有一个培训项目,辅助企业提升销售实力,改善销售业绩,让每一个销售人员成为超级销售高手。在本书中,我们提出了一系列核心观点,从最常见、最佳、最有效的销售沟通开始,RAIN模式和10条原则将贯穿始终。

RAIN模式——立刻运用,马上见效!

RAIN模式是由RAIN这个英文词汇发展而来的,分别代表寒暄(Rapport)、渴望(Aspirations)、痛点(Afflictions)、冲击力(Impact)和新现实(New Reality)。你需要记住这些核心概念,以引导你成功主导销售会谈。当然,A和I都还有另外一层意思,分别是说服(Advocacy)和询问(Inquiry),此外,RAIN中的IN还可以让你记住影响力(Influence)这个词。RAIN模式就是这样的一套流程。总之,RAIN是本书的核心观念,也是你成功进行销售会谈的最佳向导。

如果用图形来表示RAIN模式,见图1.1。

R代表寒暄(Rapport),详见第5章。在销售会谈的过程中,寒暄显得尤为重要。然而在目前的销售培训行业内,大多数人都认为,接触潜在客户时仅凭寒暄获得好感是肤浅的。我们并不反对这个看法。我们的确应建立坚实的关系,但寒暄获得的初步好感却能为接下来的成功交谈奠定基础,并能够强化信任,巩固牢靠的关系。

5

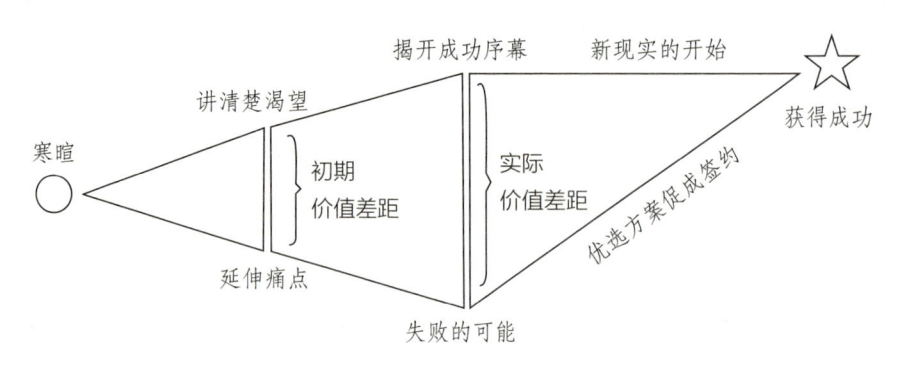

图 1.1　RAIN 模式

在销售过程中，和潜在客户建立坚实的好感关系非常重要。因为坚实的好感能为交谈设立平等的氛围，能让客户自己去感受，让他们选择与喜欢的销售人员交谈，并从喜欢的销售人员那里购买产品或服务。好感是经常容易被人忽略的因素，而在购买过程中，客户是否喜欢一个销售人员，这个因素起着决定性作用。

> **RAIN Tips**
>
> 有这样一句格言："没人在意你知道多少，除非人们知道你对他们有多在意！"只有通过深入地倾听、思索，并透彻地理解客户，销售人员才能与客户建立深厚的关系，才能让客户信赖你。

A 代表渴望（Aspirations）和痛点（Afflictions），详见第 6 章。在 RAIN 模式中，A 的含义是双重的。许多销售模式在这一点上是共通的，不管你销售的是产品还是服务，都要面对客户的需求，因此，首先你就要揭示潜在客户的困难以及痛点。不过，仅仅将注意力集中在困难和痛点上只能起到一半的作用。

当客户在采购时，他们基本上会同时考虑"渴望"（他们心中对未来的期待）和"痛点"（他们要解决的问题）。如果你仅仅强调消极的一面，那么挖掘出来的需求也都是这个方向。比如交谈中你提出这样的问题："现在的业绩有哪些令人不满的地方吗？""为何这么晚了，你还在加班呢？""你目前的处境有什么困难吗？"。但如果你能兼顾客户的期待，不仅能帮助他们解决目前的困难，还可以引导他们思考未来。这时，你也能提出这样的问题："你们公司未来的发展将会如何？""公司还有其他发展的空间吗？"。问到涉及未来的问题，这些问题不仅能带来"伤口的止痛药"，还将为客户描绘一个美好而具有吸引力的宏伟蓝图。

I 代表冲击力（Impact），详见第 7 章。当你揭示出潜在客户的"渴望"及"痛点"后，对方会问：那又怎样呢？如果揭示出来的痛点无法解决，那又会如何呢？这样的情况还会发生吗？会更加恶化吗？会影响公司生存的底线或一个团队的业绩吗？在商业合作中，对于客户的痛点，你必须用一种现实的方式揭示出来，你可以这样说："如果你们不进一步创新，对手会超越你们吗？""如果公司的策略不够激进，有丧失市场份额的可能性吗？""如果公司再无发展的可能，干脆将公司卖掉变现，会有那么一天吗？""你最看中的促销方案，效果是否很不理想？"。

"将会怎样"之类的问题有各种形式，这取决于不同的情况。你需要高质量地描绘出"将会怎样"的后果，引导客户意识到问题的严重性，从而提高与你合作的重视程度。你的客户面前总有你的竞争对手存在，大约 23.6% 的销售沟通都是不成功的。如果没有足够冲击性的话题，也就没有签约的紧迫性，从而导致签约延迟，这也叫"时间杀手"。

▶ RAIN Tips

"时间杀手"是由意向弱化规律造成的。一个人考虑的时间越长，就越倾向于不做决策，对决策的热情和兴趣都会降低，最终越不可能做出肯定的决策。

帮助你的客户应对"将会怎样"的问题能够制造出紧迫感，并能有效地形成足够的冲击力，促使客户签约。

N 代表新现实（New Reality），详见第 8 章。销售过程中有一个艰难的步骤，就是让客户透彻理解合作后他们可以得到的价值。客户往往很难理解你能够提供的价值，他需要与其他参与采购的同事协商，并核实真正能够得到的价值和利益。所以，在销售会谈的尾声，你还需要为潜在客户描绘一个可观的新现实，提供的价值和利益要让客户克服痛点，产生更多的渴望，这样才能影响他们最终做出决定。

在 RAIN 模式中，A 除了代表渴望（Aspirations）和痛点（Afflictions），I 代表冲击力（Impact）之外，A 和 I 还代表说服（Advocacy）和询问（Inquiry），详见第 9 章。

许多缺乏经验的销售人员以为他们的工作就是讲解和展示，总是滔滔不绝地为客户讲解。对客户来说，如此侃侃而谈会给他带来压力，并产生一种"被推销"的感觉，就会因为厌烦而不愿意与你继续交流，或一开始就反驳你。除此之外，不断地介绍也很容易让你养成以自我为中心的习惯，从而忽视别人的感受，也就没有机会了解客户的真正需求。

▶ RAIN Tips

不要向人们推销他们不想要的东西，而是要谈论他们的需求，并使自己成为有能力满足其需求的供应商。

销售人员经常被告知："成功的销售者总能提出关键问题。"这个说法确实不假，问对关键问题确实能够推动签约。不过一些销售人员又陷入了纸上谈兵，他们总在提问，却不讲自己的观点和理解，也没有足够打动人的故事，更不会设置成功签约的话题。这样客户会感到厌烦并觉得你很不专业。虽然询问能够产生一定的价值，但如果你是一个问题接着一个问题地询问，就会让客户失去重点而忽视全局，尤其当你提供的解决方案涉及整体的价值和利益时。因此，在说服和询问中寻找平衡、把握转换时机就显得十分重要了。

IN 代表影响力（Influence）。在第 11 章，我们将讨论 16 条影响力法则，以便你在销售沟通中随时都可以用上。只要将这些法则融会贯通，你就可以在销售的每个阶段创造 RAIN 模式的成功。

RAIN 模式练习得越多，发挥的功效就越强大，立刻运用马上见效。RAIN 代表的 4 个字母含义简单易懂，可操作性强。这些符合内在本质规律的原则将帮助你取得销售的成功。

在 RAIN 模式中，我们将提出核心理念并列举实践案例。一旦你对每个阶段都了如指掌，就可以收放自如地控制会谈的走向了。虽然交谈的形式多种多样，但有 6 种销售会谈，需要你控制并引导其话题的走向：

1. **与任何人交谈**。当你开始建立新关系并强化与现有客户的关系时，可以像这样应酬寒暄："你是做什么工作的？"在各种场合如展会、讲座或是孩子们的球赛和家庭聚会中，你都可以把交谈转变为机会。而这些和你交往的人还能向他们周围的人介绍你的业务，给你推荐其他的客户。本书第 4 章将着重强调这一点。在与任何人初次交谈的过程中，展示自己的价值是最关键的环节，在所有 RAIN 模式对话中都可以展示这些沟通技巧。

2. **挖掘客户**。制造能够引申到成交的深度话题，我们将在第 13 章详细说明如何通过电话挖掘客户。

3. **核心销售会谈**。在销售会谈中自信并娴熟地运用技巧，直到签约。从本书第 16 章学到如何运用 RAIN 模式引导销售会谈。

4. **宣讲与产品展示**。这是向潜在客户传达关键信息和内容的机会，你可以与客户分享所提供的产品与服务的价值定位，也可以向客户介绍个性化解决方案，满足特定客户的需求。本书致力于产品展示和宣讲的艺术，目的在于打动听者，强化印象。书中学到的概念和框架将在你日后的展示和宣讲工作中发挥巨大的作用，此外，我们还会提供技巧与案例。

5. **争取订单**。这是最终成交的时刻，也是与客户建立长久关系的起点。有一些辅导销售的图书和理论过于侧重在成交上，而忽视了其实成交后才是服务的开始。本书就是要纠正这一点。有关成交的内容将在第 15 章详细展开。当然，在成交之前还会有不少障碍和阻力，我们将在第 14 章介绍如何应对客户的异议。

6. **客户管理与扩展**。这是为客户提供服务的阶段，也是促成再次销售、交叉销售和追加销售的阶段。当然，毋庸置疑的是，与潜在客户相比，和现有客户交谈会容易一些。RAIN 模式的核心原则仍然能够在此发挥作用，并协助你在与现有客户的沟通中进一步提高客户管理水平，进一步扩大业务。

RASP：引爆销售业绩的"核武器"

无论是公司还是个人，取得卓越的销售业绩，无疑都受到这 4 个方面的影响，它们分别是：心理驱动（Role Readiness）、行动（Action）、技能与知识（Skills）、流程（Process），简称 RASP。然而，太多销售理论仅仅重视销售流程和技能，极少关注心理驱动、行动、技能与知识。

没有同时关注这 4 个方面是遗憾的，不过本书已经为你指出全面的成功之道。为了全面学习，你需要弄清楚这 4 个方面具体指什么。

1. **心理驱动（Role Readiness）**。我们曾和一个脾气恶劣的中层管理者有过一次"愉快"的工作经历，就叫他达斯吧。达斯总是指责别人，下达任务模糊不清，有话不明说，还喜欢靠打压别人来突出自己的英明。与其他部门的合作也是以算计为主，从来不跟人合作，动不动就训斥下属。不过达斯很尊重他的上司，他的上司决定引导他克服恶劣脾气，真正帮助他的下属。两个星期后，达斯开始微笑，也能够把话讲清楚，开会时也学会寒暄，不再辱骂下属，并能信守承诺。但好景不长，两个星期后，达斯又变了回来。

这个例子揭示了一个道理：就算一个人再有能力与知识，也不意味着他就会落实到行动。态度和心理驱动胜过技巧。在销售领域中，类似的情况屡见不鲜！

许多销售培训都将焦点集中在流程和销售技能上，极少见到对销售动机的测量与评估，也缺乏对失败诱因的分析。而心理动机这种至关重要的因素及隐藏的内心弱点对于销售来说都是致命的，都会阻碍销售会谈的成功。因此，要想取得成功，就要从心理上开始准备。

- 第 2 章将帮助你理解并建立正确的思想理念，为 RAIN 模式的成功做好心理准备。
- 第 11 章将帮助你理解核心原理，以及在 RAIN 模式沟通中可以用到的影响力法则。
- 第 16 章将与你分享 RAIN 模式高手在销售会谈中所运用的沟通知识，你掌握的知识越多，与潜在客户沟通时就会越有自信。
- 第 17 章将帮助你为销售会谈做充分的准备工作。
- 第 18 章将帮助你了解销售会谈中的常见失误及被隐藏的弱点，学会避免这些不当的行为。

2. 行动（Action）。假设有这样一个人，具备了技能和知识，也做好了充分的准备想成为一名卓越的销售人员。然后呢，他就去度假了6个月。这期间当然也没有签下任何订单。

在销售行业中，行动是一个非常容易理解的词。一切成功都取决于去做具体的事情，有效地落实相应的行动。

（1）相应的行动。所有销售人员其实每天都可以完成更多的任务，付出更多的行动。只要为自己设定好目标，规划好环节，并给自己压力去落实，实际上就能够完成更多。严格的规划可以推动高效的流程。

（2）具体的事情。不断拷问自己：我现在所做的具体事情能够直接帮助我取得最终的成功吗？如果答案是不确定，那就要改变自己的行动。有一次在 RAIN 模式研讨会上，我们问学员：公司里的销售人员每天做的事情，是否都与销售签约有直接的关系？97%的学员回答是"否"。

设想一下，公司有100个销售人员，其中97人做出的事情都能够与销售签约直接有关的，那将会如何呢？在第3章，我们将帮助读者设立恰当的环节，规划具体的事情，并推动相应的行动去落实和完成。

（3）有效。几乎所有的销售人员都知道，客户漏斗模型[①]从开始到结束的一条线对落实行动有非常大的帮助。如果你每天拨打大量销售电话，接听人又都是目标客户，结果却没有拿下订单，这说明没有技能和知识的行动也是无效的。

将销售会谈的内容落实到实际的行动，才会成功签约。撰写本书时，我们随时想的都是行动。每个章节都贯穿可以落实的具体行为指导。

3. 技能与知识（Skills）。如果你缺乏技能与知识，你的行动就不会卓有成效。阅读这本书，你将学到销售所必备的知识，所需的技能，这样你就能够主导高手销售会谈并取得辉煌的销售业绩。

---

①营销过程中，将潜在客户逐步变为客户的转化量化模型。——译者注

4.流程（Process）。流程是系统化推进一件事情的过程。系统化推进事情的过程有许多好处，如：

◎ 有助于明确从哪里开始，从哪里起步，以及下一步环节是什么。
◎ 经常自问自答："我现在做的这件事是否为下一步做铺垫？是否会引发客户想到下一步？怎样快速地发展到下一步呢？"
◎ 能够找到反复使用的框架，用来指导自己大量的行动，并不断刷新目标和纪录。
◎ 能够检测进展，并持续推进。

本书着重讲销售会谈，我们的所有内容都以创造和主导会谈为中心。RAIN 模式是本书的指南。但是，如同篮球一样，如果上场前你没做任何准备，就不能期待可以接住场上其他队员投给你的球，并像高手一样运球自如。每个人都需要做一些准备工作，让自己热身起来。

销售会谈有特定的流程，你需要让自己充满心理驱动的热情，规划自己的具体行动，建立相关的技能，学习掌握必要的知识（RAIN 模式本身就是），然后按照流程按部就班地推动销售会谈。

▶ RAIN Tips

心理驱动：你对成功销售抱有的期待程度。

行动：导向成功之路需要落实到的具体行为层面。

技能与知识：技能就是表现出来的各种能力，以及水平的高低。知识就是销售工作所需的知识储备，以及顺利地讨论相关信息和话题的能力。

流程：促使行动达到最佳销售结果的系统或框架。

本章最后有一个销售会谈路线图，本书中所有的主题都在路线图上有标示，方便让你知道自己目前处于哪个阶段，见图1.2。

大师级销售精英都牢记10条心法

我们为想成为RAIN模式高手的你研发出了这套RAIN模式，并构建了一个完整的框架、路线图以及学习的阶梯。通过多年来在销售领域的研究和实践，以及对RAIN模式高手进行的观察、分析和总结，再结合公司对RAIN模式的成功实践以及与那些销售精英一起工作的经历，我们渐渐发现了10条普遍存在的原则。如果你想成为大师级的RAIN模式高手，就需要将以下10条RAIN模式原则牢记在心：

1. 追求双赢。RAIN模式强调互相尊重，努力实现双方满意，不仅客户要满意，自己也要满意，这才是双赢。如果你致力于成为顶尖的销售人员，就要展现出热情、积极的一面。

2. 目标驱动。RAIN模式强调设立目标，并为目标努力，把执行目标当成每天生活的一部分。

3. 采取行动。RAIN模式高手都知道，没有行动的目标形同虚设。当别人侃侃而谈宏伟目标的时候，RAIN模式高手已经在行动了。

4. 先买后卖。RAIN模式的特点是先从买方（客户）的角度来思考，并从心理上理解买，然后才能够高超地卖。

5. 成为熟练专家。RAIN模式高手个个都了解市场、客户需求、公司产品、客户现状、客户的价值观以及竞争对手的情况，他们知道一切需要知道的知识。RAIN模式高手也许不是技术权威，但如果有需要，他们也能够成为技术权威。

6. **每天创造新对话**。RAIN 模式高手总是站在前线,并增加销售流程中的客户数量。每天都要和新客户(新认识的任何人)建立新对话,寻求一切可能的新销售线索和机会。

7. **主导高手销售会谈**。RAIN 模式高手都能够成为话题的引导高手,从了解潜在需求到最终发现客户偏好,成交签约,对每个环节的会谈都能进行推动和引导。

8. **控制进度,成为改变的代言人**。RAIN 模式高手能不断提供新建议、新设想,并协助客户适应新出现的改变,他们从不惧怕改变。

9. **勇敢**。在销售过程中,有时需要勇气。RAIN 模式高手不仅能够战胜恐惧,还能在恐惧中找到机会,并适应各种艰难的情景,通过调整话题取得成功。

10. **自我评估,寻求反馈,不断改进**。RAIN 模式高手从来不害怕学习全新事物,不怕困难。他们接受一切挑战,无论是好的还是不好的,他们都能通过学习将其变得更好。他们从来不会停留在同一个循环周期中。

以上 10 条 RAIN 模式原则都是出自 RAIN 模式,你可以发现两个基础框架分别是 RASP、RAIN。

这 10 条 RAIN 模式原则都散落在各个章节中,我们特此提炼出来,并建议你将以上 10 条写在便利贴上,贴在自己的生活空间中,方便你随时看到并复习。

古人云:"千里之行,始于足下。"的确,通向高手的道路都会有第一步,而至关重要的就是这迈出的第一步。让我们开始交谈吧,看看它会把我们带去哪里。

图 1.2 销售会谈路线图

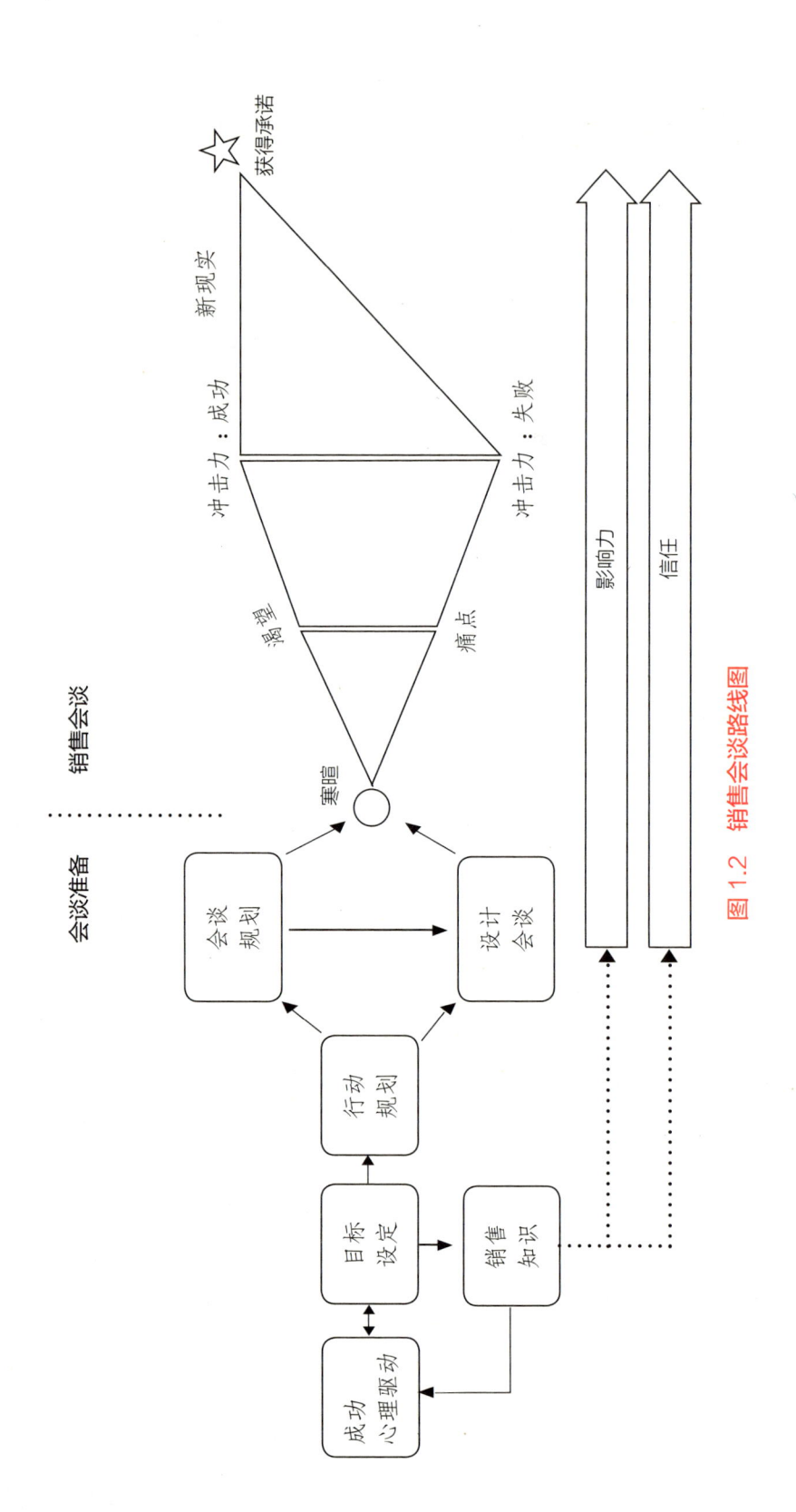

第 2 章

哪匹狼是赢家？
你喂养的那匹！

你是否曾扪心自问过，你对销售抱有持续的热情吗？

面对销售低谷，有人借口说："客户不想要的东西，我当然卖不出去。"而有的人却满怀热情地自我鼓励："是我驱动了客户的需求，而不是客户决定了他的需求。"为什么会有如此差异？

> 那些激情满怀的人，用火一样的热情投入新世界，大门会为他们开启。燃烧的火焰不熄，机会源源不断。
>
> 畅销书《积极思考就是力量》作者诺曼·文森特·皮尔

很久以前，在美国印第安部落的纳瓦霍族，一个小男孩与同族的大哥打猎回来后，就开始为自己的糟糕表现陷入沉思，从天黑到天明，直到父亲找到他。

看着闷闷不乐的儿子，父亲说："我们每个人的内心都住着两匹狼，这两匹狼伴随我们从出生到离世，并且它们一直都在搏斗。一匹狼是邪恶的，内心充满了悔恨、烦恼、贪婪、仇恨、傲慢、吝啬、罪恶、气愤以及痛苦。另一匹狼是善良的，内心充满了爱、快乐、友好、富足、忠诚、勇敢、荣誉、礼貌、乐观、大方、同情、热情、和善以及希望。"

小男孩想了想父亲的话，起身走开了，随后又走回来问父亲："那么，哪匹狼赢了呢？"

父亲回答："你喂养的那匹。"

虽然这是一个古老的故事，但在销售领域，每天都在上演着同样的故事。在销售领域，善良的那匹狼象征欲望、目标、承诺、行动、勇敢、积极的态度、活力以及责任。

邪恶的那匹狼象征优柔寡断、左右摇摆、担忧拒绝、盲目行动、消极、拖拉、埋怨以及被隐藏的弱点。

你应当喂养那匹友好的狼，让邪恶的狼挨饿。

一旦开始喂养自己内心的狼，并形成习惯，你就要着手评估内心的现状了。如同 RAIN 模式原则 10 所说的，你要自我评估，寻求反馈，不断改进。在开始改造自己之前，第一个需要问自己的问题就是："我应该在哪些方面改进？"

这是 RAIN 模式中最重要的一次对话，也是每个人自己内心的对话，你将通过问自己问题来挖掘真实的自己。问题的答案必须是你内心真实的声音，要能够影响自己的实际行动，进而探求一个真实的现状，并建设一个美好的未来。仅仅在这时，你才是在向自己营销。

6 个极残酷的自我剖析

如果你要立志成为 RAIN 模式高手的话，你需要问自己如下 6 个问题：

1. 我对销售成功的欲望有多强烈？ 影响你成为 RAIN 模式高手的最重要的因素，就是对销售成功的欲望，而不是对人生成功的渴望。有些销售人员的动力和渴望就如同孩子想要打开生日礼物那样，一刻也无法等待。销售的动力除了物质驱动之外，还有骨子里发出的冲动和欲望。

> ▶ **RAIN Tips**
>
> 最顶尖的销售高手都是那些充满激情和狂热的人，他们对自己从事的事业忘我投入，不计得失，不计荣辱，不断追求。

2. 对取得成功所需要做的事，我能否坚定不移地去做？ 哈佛大学教授大卫·梅斯特在《战略和肥胖吸烟者》（*Strategy and the Fat Smoker*）

一书中特别指出，许多公司不是不知道如何取得成功，就好像吸烟的人不是不知道应该戒烟，他们只是从来不付诸行动。减肥也是一样的，所有人都知道该少吃多锻炼，但能不能坚持就是另外一回事了。

销售人员也知道自己应该做什么——每天多打几个电话，多创造机会与人沟通，多开发几个客户，努力成为行业的专家，掌握新技能，与客户的关系更进一步。

虽然你渴望成功，却没有下定决心，也没有做出承诺。这样你永远都不会成功，好比为了减肥，你可以立刻去买几个拳击袋，然后每天练习。大多想减肥的人都是盲目而没有计划的，对自己听之任之。他们大多都是心血来潮，晚上10点了，想起来才会漫不经心地击打几下拳击袋。

承诺能否兑现的关键就在面对障碍的时候。在销售过程中，你总是会遇到各种障碍，而这些障碍又会使你的承诺破灭。

获得新的销售线索，按照目标推进，提出有挑战的问题，冒着失去客户的风险，坚持不降价，多为客户做一点额外的事情……所有这些都不容易，再加上每天还有诸多琐事缠身，就更难集中精力来兑现承诺了。渴望销售成功仅仅是第一步，落实到行动，并具体执行才能成功。

3. 在追求成功的路上，我有多大的热情？总有人强调要聪明地工作，当然你可以永远聪明地工作，但如果同时你还能努力地工作，效果会明显不同。

RAIN模式要求的许多工作内容都是烦琐的，比如安排会谈，精心准备会谈话题，跟进客户的电话，尝试签单。销售会谈要求销售人员每天都要创造新线索，在会谈中主导话题，不断提升销售漏斗中客户的质量。而落实这些原则都需要精力和时间。

4. 我的态度如何？我们见过太多的销售人员，他们有成功的渴望，也不缺乏坚定的承诺，可渐渐地就失去了发展方向，原因不过是对公司产品失去信心，担心大环境下自己是否真的还能够有所作为。

随着对自己公司的产品和服务的深入了解，有的销售人员就会开始思前想后：不认识的陌生人电话就不打了吧，总裁不是我这个级别的人能接触到的吧，我其实并不擅长寒暄、建立关系。

他们不仅会这么想，还会这么说，当然也就变成了现实。带着消极的想法开始销售会谈，即使你坚决不讲出来，思想还是在无形中影响着你的会谈。犹豫不决，疑心重重，会最终摧毁你的销售会谈。无论之前你是多么坚决地约束自己，都没有用。

销售其实就是机会游戏。如果你觉得机会没了，丢了，或不会来找你，那么它就真的不会在你身上发生。反之，当你喝咖啡、吃甜点的时候，机会往往还会找上你。

5. 我是否能对事情的结果承担责任？我会去找借口吗？其实任何人为没有完成的任何事情都有非常合理的理由。当这些发生时，你是归咎于环境或其他人，还是你自己负责？

很多人都是在逆境中取得成功的。他们在萧条的经济下依然存活，在难以接近客户的情况下还约访成功，他们能拿下大型的复杂项目，也能售出无形的产品。这些情况都是从来没有想过要购买的人在会谈后才决定购买的。

即使在同一家公司，销售同样的产品和服务，面对同样的市场，还是会有人说："在这种经济情况下，我无法完成目标！""决策者不肯见任何供应商。""客户不想要的东西，我当然卖不出去了。"

每天离开办公室前，很多人都能为一天中没有打过约访电话，没有约过销售会谈或没有跟进电话而找到理由。

我们就曾经辅导过一个销售人员，他为自己设立了目标，也规划了销售方案和步骤计划，却完全没有执行，原因是公司没有配备一个好的客户资料跟进系统，让他详细记录跟进客户的步骤和细节。

没错，客户资料跟进系统肯定能够提高工作效率，不过以此为借口是不成立的，一支笔和一张纸也可以做到详细记录。

每个人每天的时间都是一样的，每周的天数也是一样的，连做决定需要的精力都是差不多的，决定做什么，不做什么都类似。

如果自己想好了就要做到，没有人可以阻挡你，唯一能阻挡你的就是你自己。

6. 我是否愿意面对销售低谷？1965年9月9日，詹姆斯·斯托克多（James Stockdale）从自己的天鹰机中弹出，落在了北越的一个小村庄，这位美国海军的战斗机驾驶员成了越南军队的俘虏。在宽1米、长3米、24小时不关灯的牢房中，他一待就是8年，直到1973年2月12日才获释。

尽管处境如此艰难，斯托克多也没有放弃。获释后，斯托克多仍然坚持在海军服役，成为海军战争学院院长。后从事海军教育事业，担任斯坦福大学胡佛学院职员，城堡学院院长。他曾对《基业长青》的作者吉姆·柯林斯（Jim Collins）说过，让他战胜艰难困苦的信念来自面对残酷的现实，他从不欺骗自己明天会更好，只有把现实想象得更加残酷，才能够在面对现实时积累信念。

请诚恳地回答以上6个问题，也许你会说："我其实知道自己有些方面尚存不足，但我可以改进！"不要就此停止，你还应该想到更艰难的部分，更残酷的一面。多数人都在那里止步，而RAIN模式高手却会从自己被隐藏的弱点开始着手。

被隐藏的弱点不会像需求、承诺和态度那样显而易见。因为这些弱点包含忽视客户购买的周期性、报价障碍、自我设限、迫切需要得到承认、易于陷入感性困惑。对于这些弱点，你将在第18章中找到一些处方来应对。

你决定唤醒心中的哪一匹狼？

在进行一番自我对话后，你需要做出几个决定。在表 2.1 中，每个主题都有两个选项，请认真思考，你会做出何种选择。

表 2.1 自我对话结果的两个选项

主 题	选项 1	选项 2
欲 望	渴望更多的成功	感受更多的快乐
承 诺	只要说过，就一定做到	如果不太难，就会做到
能 量	准备付出汗水和努力	见机行事，灵活应对
态 度	世界就是我的一切	面前的障碍难以克服
责 任	我对自己及团队的成功负有责任	成事在天，不由人
隐藏的弱点	我必须了解这些弱点，并努力消除	每人都有弱点，不用克服和改正

无论你的选择是什么，关键在于开启第一步，在于你是否足够了解自己。"我愿意自省吗？"如果你的回答是肯定的，欢迎访问 www.rainsalestraining.com/booktools 了解更多内容。

RAINMAKING CONVERSATIONS
Influence, Persuade, and Sell in Any Situation

第 3 章

计划
有没有落实?……

IBM 如何从年亏 81 亿的烂摊子变身"郭士纳神话"?
被公立学校放弃的 150 名差生,如何在短短 4 年内几乎全部考进大学?

> 树立目标的目的，不是达到目标，而是使你成为那种可以实现任何目标的人。无论结果如何，你都要全力以赴。在这个过程中，你成为什么样的人，比实现任何目标都重要。
>
> 畅销书《早起的奇迹》作者哈尔·埃尔罗德

人们知道自己该做什么事情，却总是逃避，甚至转而去做其他事情，只为让这种逃避行为合理化，也不喜欢被人说破。为自己的惰性辩护是人类的一种天性。我们"知道自己应该做什么事情"的能力和"想要回避我们应该去做的事情"的天性总是混杂在一起，就像金枪鱼三明治搭配花生酱一样蹩脚。

在每个人的生活中，我们都知道应该打扫车库，打电话问候父母，或每周至少运动3次。而事实上，我们并没有落实。

在我们为销售付出努力的时候，我们知道一天至少应该打5个电话，整理自己的联系记录，并落实每一次跟进，至少也要极力诚邀客户一起用餐。而事实上，我们并没有落实。

拖拉总是最后的赢家！糟糕的是，我们知道只要我们跟进了所有的销售进程，就肯定能够取得更好的成绩，肯定会收获更多。我们不但经常没有采取行动来落实，反而还找了成千上万的借口、说辞来解释。如下就是一些常见的借口：

- ◎ 现在没有时间。
- ◎ 必须要先做其他事情。
- ◎ 可以明天再处理。
- ◎ 我的安排总是被别人打乱。
- ◎ 我需要平衡工作和生活，因此现在我要回家了。
- ◎ 不确定这么做是否真的有用。
- ◎ 对自己能否在这方面取得成功抱有疑虑。
- ◎ 不喜欢做，所以去做别的事了。
- ◎ 不知道自己为什么没有落实。
- ◎ 太累了。
- ◎ 这事儿太难了。
- ◎ 别人说我会失败……我也觉得我会失败……总之会失败，干吗还做呢……

上面的列表可能会更长，不过本质都是一样的，那就是别的事情打断了原计划要做的事情，导致我们无法坚持原计划。

幸运的是，销售目标控制在我们自己的手中。尽管通向成功的道路总在维修施工中，但终点总在前方。清单上的理由，不过是通往成功路上的一个洞口。你可以选择困在洞里，也可以选择环视周围，寻找出路。

如果你想成功主导销售会谈，你就不得不每天获取新线索，并通过相应的技巧来实现。获取新线索、掌握实用技巧并不是孤立的两个目标，而是销售目标的组成部分，每个部分的实现都有助于你一步步取得成功，并抵达你期望的终点。

随着本章内容的展开，我们会帮助你与自己对话，并创建一个抵达自己期望的目标。

目标驱动！！！

根据 RAIN 模式原则 2，只有目标驱动能迫使你将一切借口都抛之于脑后，真正集中精力向你自己的成就出发。

世界上有太多类似的故事和案例，一个人，一个家庭，一个部门或一家公司如何陷入了困境无法自拔。我们研究过的一个代表性的例子就是 IBM。郭士纳有一本书叫《谁说大象不能跳舞》，1993 年 4 月郭士纳当上 IBM 的 CEO，那时的 IBM 已经到了崩溃的边缘，几乎无周转资金。尽管有太多的说法讲述他如何扭亏为盈，让 IBM 起死回生，但有一个不可争辩的事实：郭士纳设定了目标，并强调整个公司必须兑现承诺，实现目标，在组织内部形成统一战线，严格落实计划。几年后，IBM 再次看到了曙光。

芝加哥郊区预备高中的创始人提姆·金挑战了一项最艰巨的任务。从政府公立学校中接收了 150 个成绩差的黑人男生，让他们加入他创办的全新预备中学，他给自己的学校设定了一个目标：4 年后，能够考入大学的比率要达到 100%。

他其实是在创造奇迹：

◎ 芝加哥地区黑人男生高中入学率小于 50%。
◎ 只有 20% 的学生能够考入大学。
◎ 加入预备高中的 150 个学生：4% 的学生阅读能力符合年级标准，8% 的学生来自低收入家庭，绝大多数来自单亲家庭。

提姆·金的故事充满神奇色彩，100% 的大学入学率，这些大学包括三一学院、伊利诺伊大学、霍华德大学、弗吉尼亚大学、摩尔霍斯大学、乔治城大学、塔斯基吉高校等。不过有一个要点异常清晰：盯住目标。金自己这样说道："在我的脑海中，就是要创办一个这样的学校，让黑人孩子能够根据他们自身的优点找到适合他们的学校。"

因此，金设立的目标就是100%的学生高中毕业，并进入大学。4年后，95%的学生顺利毕业，并全部进入大学。

有关盯住目标就能够发挥巨大神奇功效的故事数不胜数。约翰·亨特和罗伯特·罗杰斯研究企业的经理人长达30年，发现了一个共同的规律：盯住目标并在管理中推进流程来落实行动的经理所带的团队比其他团队的业绩要高出56%。

那些树立了明确目标但是缺乏相应流程来落实行动的团队也比没有目标的团队业绩高出6%。在他们所研究的70个案例中，68个都是在经理明确设定目标并不断推动落实下超额完成工作任务的。

类似的案例我们还可以一页接着一页地写下去，都能够说明目标和行动计划的意义。最终我们只想强调一点：成交都不是偶然的，都是在目标的驱动下，销售人员承诺尽最大可能向成功挺进的结果。

"是不是得不到就不罢休？"

多年来，我们接触到许多销售人员都设定了目标，也做了行动规划，并做出承诺要去落实，但还是有不少人失败了。

做下面这两件事帮助你进行目标管理：

◎ 设定前进的方向。
◎ 不断巩固目标。

首先，设定目标的人知道前进的方向。你肯定会想：这太简单了，不过我确实不清楚以后还能做什么，也永远不会清楚。在本书中，我们会试图协助你挖掘出内在潜藏的动力，而不是简单的说教。

与你以前阅读过的其他有关设定发展目标的书不同，本书的要点集中在销售目标上。设定人生目标比设定年度销售额复杂多了。但销售目标就只需盯着数额对自己说："是不是得不到就不罢休？"如果答案是肯定的，销售目标就算启动了。

其次，一旦决定了要出发，就要不断地强化和巩固自己的目标。

> **RAIN Tips**
>
> 目标管理的基本精神是以自我管理为中心。目标的实施，由目标责任者自我进行，通过自身监督与衡量，不断修正自己的行为，以达到目标。

定期回顾自己设定的目标并巩固，可以让你坚定不移地走下去。我们为你列出了一条目标路线，协助你坚持盯住自己的目标：

1. 每天清晨的第一件事就是看一下自己的目标，并大声喊出来。比如上文提到的提姆·金的例子，每天早晨学生到校后，会在一起宣誓并大声地喊："我们坚信，我们会走向大学。我们是与众不同的，不只是喊喊而已，我们会付出实际行动，我们相信自己！"然后浏览一遍本周目标，落实当天行动。这样可能会花费你几分钟。每天结束的时候，回顾一下当天所做的事情，并有针对性地制定第二天的目标和行动。多次强化自己定下的目标，有利于目标的最终实现。

2. 每个周五或周末，检查一下本周的目标落实情况，并继续设定目标迎接未来的两周。每周与导师一起巩固自己的目标。导师可以是同事，也可以是教练、朋友。这个人最好是能够看到你每天的实际工作情况，并能够了解你的目标执行进度。每周进行一次，互相承诺，不断要求自己。每一个目标、每一个达到的里程碑、每一个进步都可以与这个人讨论，这就好像为自己找到了一个同盟军，帮助自己克服障碍，摆脱困境。

3. 每月一次，争取与几个人在一起讨论你的工作进度。他们都是你信任的人，向他们介绍你的努力方向，以及下个月要做的事，同时也可以得到伙伴们的建议，帮助自己克服障碍。

4. 每个季度对照年度目标对比一下。不断审视自己"接下来的3个月必须做到什么才可以实现全年目标"，为完成下一个季度的目标，你得设置3个优先行动，并投入全部的热情与精力。

5. 每年一次，重新检讨并设置新一年的目标。这时，你一定要问问自己："取得这些重大成就还需要做到哪些？"如果实现了本年的目标，就应该问自己："如果实现了这些，是否向宏伟的目标迈进了一步？"新的一年开始时，要反复核实这一年的目标对整体目标所起的作用。

6. 一旦所有细致的目标都规划好，就该制定出宏伟的目标。比如5年后成为公司销售冠军、一年挣50万、成为公司副总裁、买一辆豪华车、45岁退休等。所有这些都要与阶段性目标保持一致。如果没有达成一致，在前进的路上你就容易分心，并成为借口的牺牲品。

还有一些时候，所有目标都制定了，也规划了行动，结果你却依赖一些智能模板或电子工具来记录细节情况，而手边又没有这些工具，结果会怎样呢？所有的计划都被尘封，根本就没有起步出发。

所以，不要让类似的事情发生在你身上。

一些卓越的实践者会将目标写在一张纸上，并贴在办公桌的顶端抽屉上。我们认识多年的一个销售人员就是将所有制定过的目标都保存在抽屉中，每周都拿出来复习一遍，并不断检查进展。

> **延伸阅读**
> Rainmaking Conversations

销售目标问答

1. 我的长期目标是什么？远大理想是什么？（必须是宏伟的）

2. 我的3~5年目标是什么？（可以多于1个但不要超过3个）

3. 我现在的收入以及财务目标是什么？

4. 我未来12个月的目标是什么？为了实现销售目标，有哪些关键因素我必须拥有？（不得多于5个）

5. 每年度、每季度和每月，我需要达到的成功指标是什么？

6. 本周有什么具体的目标可以实现一个短期目标，从而可以让我完成年度计划？

7. 我今天有什么计划？

现实就是这样，通向成功的道路一直都在维修。盯住目标，不要分心或走入岔路，不要疑惑自己为何总在徘徊不前。

一旦确定了自己的目标，就应该把实现目标所需的所有具体行动都写下来。访问这个网站 www.rainsalestraining.com/booktools，参考39个行动计划提要，现在就来创建一个自己的行动清单。

第4章

价值定位：
让销售成功率飞升

在"电梯推销"的开场白中,你是否融合了产品的核心价值？针对不同的客户,"胶囊"式自我介绍能像复读机一样重复播放吗？

> 当你理解了自己的价值观及其重要性时，你就可以确立一套清晰的领导原则。领导原则是转化为具体行动的价值观。
>
> 畅销书《真北》作者 比尔·乔治

假定你有一个跟进了两年的客户，也和他建立了良好的关系。如果我们给这个客户打电话，并问他："你对某某某怎么看，为什么与他们合作，而且还一直在合作？"你觉得客户会如何回答？

在研究 RAIN 模式体系的过程中，我们问了太多的客户，我们原本期待的回答应该是一个曲折的故事，能够有重大冲击力的回答，这样的回答需要你首先建立信任的转折点，积极的合作关系，或者让客户感受到特别受尊重等。

比如你已经跟进了一个大单好几个月。如果你采用 RAIN 模式，你就要完全了解客户与你合作后所带来的积极影响，以及采购后所带来的新现实。只有这样，客户才会认同。

这似乎并不是你初次见到客户时的情景。刚开始客户不认识你，不知道你的职业，也不知道你曾经做过什么。初次见面就能够将自己的价值展示出来并影响客户的决策并不是一件容易的事情。所有销售人员都有类似的困难，初次见面就成功体现交谈的价值并不容易。原因如下：

- 我们的产品或服务难以讲明白，简要地用一句话讲明白那是不可能的！
- 我们的解决方案都是针对每个客户的特殊需求研发的，浓缩为一颗"胶囊"是不可能的。
- 我们对客户的帮助体现在一个广阔的范围内，因此无法就一个点达成共识。
- 讲明白我们具体是做什么的容易，但要透彻理解因此造成的影响就难了。
- 我们的产品和服务通常都被当作消费品（至少客户有这个印象），因此与其他公司提供的东西相比，也没有什么能实际超越的价值。
- 我不擅长或比较抗拒所谓的"电梯推销"（elevator pitch），我从来没有觉得那个时刻的话真能起到什么作用。

▶ RAIN Tips

电梯推销，通常是指创业公司在一分钟之内，向投资者介绍自己公司的情况。因为时间之短仿佛只是两人共同乘坐了一段电梯，故称"电梯推销"。

无论销售的是什么产品，如果你无法将其价值准确地描述出来，就无法让客户下定决心购买。只有将价值定位好，并抓住客户的注意力，并将与你合作带来的利益阐述清楚，才能够自然顺畅地引导后续的交谈，这也是销售会谈的重要基础。

客户心动购买，背后有一系列理由……

在与人交往时，如果有人问你是做什么的，你的回答内容中会包含你的价值吗？请牢记：价值定位的核心在价值，不在口号。

价值定位就是人们购买产品的所有理由，这就是最基本的定义。当然不是所有人都同意。

投资百科（www.investopedia.com/terms/v/valueproposition.asp）对价值定位是这样定义的：

> 价值定位的真正含义是什么？客户购买产品或使用服务理由总和的市场宣言就是其真正含义。这个宣言要能够影响其他潜在客户认识到你的产品比其他同类产品能够带来更多的价值，或者能够更好地解决他们的问题。

企业常用这样的宣言去影响客户，如果他们使用了企业的产品，就会得到益处，当然也可以帮助企业度过经济危机。理想的价值定位应该简短，能够触动决策者心中最敏感的点。如果客户对企业的价值定位漠不关心，企业将为此付出沉重的代价。

注意，投资百科的定义类似一句宣言。这样更加容易理解，但同时也将问题简单化了，也更加容易误导销售人员。如果你不把价值定位当作宣言，也许就能够真正去思考到底是什么因素推动客户购买产品，这样的话，就会有不少细致的工作要落实。回到基本原理上，一系列驱动客户购买的理由都可以成为提高销售成功率的故事。将价值定位用不同方式在不同场合下讲出来可以提高成交的效率。

如果你能找到一种情景，用更加广泛的方式来介绍产品，介绍自己，介绍公司，这样就可以当作宣言的形式来用。

价值定位是具备感染力的有形宣言，应该让客户明确与你合作后可以得到哪些好处。

将所有的价值全面地细化，浓缩到一个句子里，这样潜在客户就可以立刻得到一种整体的感觉，并能够立刻感受到。

比如："RAIN集团协助客户提升销售业绩。如果你想要提高你们公司销售人员、专业顾问和职业经理的业绩，我们帮得上忙！"

这就是我们RAIN集团的价值定位。目的是让客户或潜在客户立刻就能对我们公司有一个大致印象，即我们能够在哪些方面帮助他们，也让他们知道大概什么时候可以邀请我们开展合作。

最终，客户之所以会与RAIN集团合作，是因为我们能够帮助他们提高销售业绩。但是，这背后永远还有一系列特殊的原因能够赢得他们的信任和合作意向，让他们不会选择其他的供应商，或者干脆跟谁都不合作。

> ▶ RAIN Tips
>
> 价值定位就是客户决定购买的一系列理由。价值定位是有感染力的有形宣言，应该让客户明确与你合作后可以得到哪些好处。

许多销售人员认为仅仅找到一个好的宣言就够了。他们不去分析背后存在的打动客户购买的那些原因。如果觉得价值定位就是宣言，你就会止步不前。如果能够认识到价值定位是一系列原因的集合，那么你与客户的沟通也会更具价值，更有说服力。

独门心法——"3点定天下"

客户购买产品或服务的一系列原因可以分为如下3个类别：

◎ 潜在客户对你的产品有需求。你要认同这一点。

- 潜在客户想知道你为何能在同类供应商中脱颖而出。你要进一步凸显差异化。
- 潜在客户相信你能够兑现承诺。你需要强化实力。

你是否有从"3点定天下"的视角去考虑价值定位？撤除"3点定天下"中的任何一个支点，整个理论框架就倒塌了，见图4.1。

价值定位的强力要点　　　　　　**创造坚实的基础**

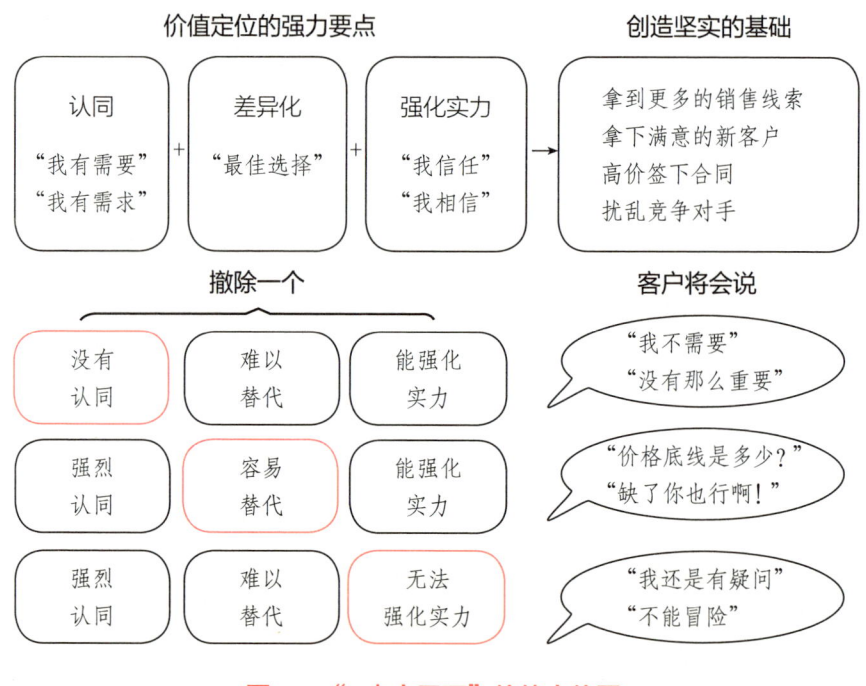

认同	+	差异化	+	强化实力	→	拿到更多的销售线索
"我有需要" "我有需求"		"最佳选择"		"我信任" "我相信"		拿下满意的新客户 高价签下合同 扰乱竞争对手

撤除一个　　　　　　　　　　　**客户将会说**

没有认同	难以替代	能强化实力	"我不需要" "没有那么重要"
强烈认同	容易替代	能强化实力	"价格底线是多少？" "缺了你也行啊！"
强烈认同	难以替代	无法强化实力	"我还是有疑问" "不能冒险"

图4.1 "3点定天下"价值定位图

- 如果没有认同，客户就会失去兴趣，也就不会购买。
- 如果没有差异化，客户就会在价格上纠缠，或到你的竞争对手那里寻找更低的价格。
- 如果没有能够证明自己兑现承诺的实力，就算客户想与你合作（获得认同），也了解到你与众不同的差异化（凸显差异化），他们还是会有疑心，不相信你的产品真像你说的那么神奇，也不愿意承担与你合作的风险。

当你提出了价值定位的宣言后，首先要将重点放在理解前述 3 个点上，这样你才能构成完整的价值定位框架。然后才可以开展销售会谈，拜访客户。

你可以将你的价值定位用一个短句来总结，也可以在宣言中添加更多的内容，以便让自己在竞争中处于领先地位。

> **延伸阅读**
> Rainmaking Conversations

介绍自己时容易犯的 6 个错误

人们在介绍自己的工作时，最容易犯以下 6 个错误：

1. 无实质内容

我们为财富 500 强企业提供有效、成功的产品，也为高速成长的企业服务，帮助他们找到隐藏的机会，同时为他们的客户增加价值，为股东增加收益。我们是唯一的……

2. 冗长

我 5 岁的时候就读过环保局的《环境保护条例手册》，13 岁时在这一领域赚了第一桶金，创办公司 3 年后，我们就成立了排放测试部门……

3. 太短 / 太小巧 / 太夸大

我们是半导体领域的赢家。

我们让客户的财务怡然自得。

我们是科技领域的领导者。

4. 名词清单

我们是一家律师行，致力于解决纷争、抗击垄断、保护破产、协助上诉、复议诉状、债务重组、处理环境案件、处理外贸纠纷、处理企业与政府的关系、申请冰激凌专利和商标保护、办理合法考拉领养手续……

5. 无想象空间

……从事资本密集型业务总会遇到资本重组的情景，因为……确实是这样的。这会牵扯太多的琐事。但不要紧，冒烟的烟筒才有宏伟的视角，还需要资本的调整……

6. 貌似电梯销售话术

许多销售人员备有一些紧凑的说辞，并练习了多次。一旦遇到机会就熟练地讲出来，如同机械的录音机，对不同的人都是一个腔调，对潜在客户的特殊情况置之不理。这种说辞会让人感觉单调无聊和平淡，认为这不是发自内心的，也完全没考虑传达的信息是否能够被理解和解读，因此无法赢得客户的共鸣和认同。

换个视角就能创造全新的现实！

当你介绍自己是做什么的时候，要从客户需求的视角去考虑产品或服务，而不是从产品或服务的视角去考虑客户。当你第一次遇到一个潜在客户时，与你交谈的人并不了解你提供的产品，也不愿意了解这些细节。此时你可以较快地介绍你能帮助客户实现的目标、协助他们克服的痛点和难点，以及合作后对他们的长远影响。

在交谈时讲解合作过程中的细节，其效果远不如描述合作最终带来的影响。

设想如下的情况：一个汉子路过一个建筑工地，看到有人在砌砖，随口问道："你在干什么？"工人抬头回答："在砌砖啊！"

这个汉子继续前行，来到另一个工地，又看到一个人在砌砖，于是接着问："你在干什么？"那人回答："我在砌一堵墙。"

汉子继续走到下一个工地，看到了第三个砌砖的工人，又问了同样的问题："你在干什么？"那个人回答："我在建一座教堂。"

砌砖不过是一种普通的工作，如果你销售的是普通大众消费品，它就不可能脱颖而出，你也将不得不应付客户的压价。

无论教堂对不同的人意味着什么，将普通的工作用不同的视角描述出来，这就等于创造了全新的现实。无论是什么样的教堂，从最终结果来看，都能吸引听者的兴趣，他们会比较自己听到的话，并有针对性地浮想联翩：那个砌砖的人该有多么艰难啊，那个砌墙的人要是失败了该有多么沮丧啊，而那个建设教堂的人该有多么投入，建好后将多么有成就感啊。

案例分享
Rainmaking Conversations

冲击力与技能的比拼

曾经与我们合作过的一家网络顾问咨询公司，在与我们合作前，发出了 25 份合作意向书，到头来却一份也没有签约。为了寻找背后的原因，这家公司找到了我们。这是一家在业界小有名气的咨询公司，但就是签不下来合约。

认真研究他们发出去的意向书后，我们才发现，在涉及咨询服务时，他们仅仅介绍了建立一个网站所需要的技术和流程，其他就没有了，他们简直就是把自己当作普通的随处可见的一家建立网站的供应商。难怪他们的潜在客户会去寻找另外的两三家供应商，然后综合比较技术方面的情况，有时客户厌烦技术术语，干脆就不再交谈技术问题了。这家公司与我们合作后，便开始尝试采用不同的策略，开始自问自答一系列的问题：

1. 与你一起工作是什么感觉？
2. 你能够给客户带来什么？
3. 和你的合作结束后，你的客户受到了哪些冲击？
4. 和你的合作结束后，你的客户会失望吗？

然后，他们才渐渐发现，原来自己并不只是简单地在建立网站，于是，他们开始从全新的视角界定一家公司的形象，改变市场营销策略。

之后，他们重新邀约客户会谈，重新撰写合作意向书，结果终于从零签约发展到签约25家，还拿到了6位数的订单。

第一步就是，不要把自己的公司淹没在大众快销品的陷阱中。如果你认为公司的产品是大众货，那么最终产品将难以避免被淘汰的厄运。因此，不要仅仅讲述你能提供的产品，不妨学一学如何发挥影响力，展望全新的现实。

"实际上，我们帮上一位客户多赚了3000万"

还记得我们之前强调过：价值定位是有感染力的、有形的宣言，可以帮助客户明确通过合作可以得到的好处。

你可以采用类似的宣言向别人介绍你们的优势，开始销售会谈。

在考虑价值定位时，你需要系统地考虑以下6个方面。

1. **目标客户**。主要服务的客户是谁？考虑到行业、地理位置、公司规模、公司类型等，理想的客户应该是什么样的公司？这个思路可以让接收信息的人联想到：与他们合作的公司跟我们是类似的。

熟悉目标客户的情况可以赢得潜在客户的认同。当然，你的信息与潜在客户的具体情况越类似，你的差异化程度就越高。只要在差异化上超过客户的期望，就能顺利进入下一个阶段。

> ▶ RAIN Tips
>
> 如果在接触客户的初期就能将自己与竞争对手区别开来，便可大大提高进入下一步销售流程的可能性。

2. **需求或业务上的困难**。你瞄准哪些业务上的困难，以及哪类客户需求？你又将如何协助客户应对和解决？这些答案将有助于潜在客户透彻理解何时以何种方式与你合作。

3. **解决问题带来的冲击力**。为客户解决问题后，在财务和情感上能得到哪些好处？你提供的价值表现在哪里？也许你会这样想：我们做出这么多成绩，所有特殊的需求总是各有不同。

在构思价值定位宣言的时候，可以选择一两个来形成冲击力，之后再给出典型案例来证实你的观点，这样，潜在客户才会将自己的特殊需求向你公开，并寻求合作的机会。

4. **你提供的价值**。你的产品或服务的导入过程是什么样的？你的公司是如何运营的？如何解决困难的？与客户是什么样的关系？要注意谈到公司产品或服务所提供的价值，应该包含在你帮助客户解决他们需求的范围内，你提供产品或服务的价值要以客户为中心，因为客户总是从需求的角度去看待我们提供的产品或服务。

5. 实力需要得到证实。一定要展示你如何帮助其他客户解决类似问题的具体过程。你怎样支撑你的论点？客户凭什么相信你提到的都能实现？因此，你需要提供以往的成功案例，以此为证，才能赢得客户对你实力的信任。

> **RAIN Tips**
>
> 在大订单销售中不要过早地向客户证明实力，因为在大订单销售中发现明确需求非常重要。最好在会议之前就与对方公司参加这次会议的人员中比较关键的人谈一谈，以求发现需求。

6. 杰出成就。为什么你的产品和解决方案能够超过同行类似产品和服务？你们公司是否有独特的内幕值得分享？差异化的核心要点是什么？这些问题的答案就是你从竞争对手中脱颖而出的关键。

以上6个方面恰好整合了"认同、差异化和实力"这3个基本概念，可以帮助你收集销售会谈中的信息。不过要注意的是，不能创造类似录音机式的机械宣言，也不能单调地重复以上6个方面。

你要牢记，这些都是段落式话题，如同孩提时代玩的积木，是拼装起来用的，同样的木块完全可以搭配出不同的形状，不同的塔，不同的教堂。你需要选择话题，将这几个方面自行组合，用于不同的对象和不同的会谈。

比如你是一名市场营销及品牌建设方面的咨询顾问，遇到了一位在一所私立学校当教师的亲戚，她知道了你的工作后，要求你解释一下咨询顾问到底是干什么的，你可以用下面的方式来回答她：

在私立学校，你觉得他们是如何招生的？通常情况下，一个家庭给孩子找合适的学校，通常要找3到5家，然后从中选择一家合适的。那么，你认为背后有什么样的原因才会导致有一些学校招生不满，而另外一些学校不仅难进，还要排很长的队才能进入候补学生名单呢？

许多大型公司也会问自己类似的问题，讨论如何销售企业产品。为什么人们会选择高露洁而不是佳洁士？我的工作就是帮助这些大公司找到上述问题的答案。

目前我正在协助一家公司重新定位宠物玩具的产品线，并成功入驻大型商超。他们曾经尝试了4年都没有成功，与我们合作后不仅成功入驻，而且销售业绩翻了三番。

又假如在一次网络展会上，你遇到了一个潜在客户，你的回答又可以是这样的：

我协助一家包装公司了解为什么客户会选择另一家。上周我将发现的结果展示给客户，我们揭示了种种因素。如果他们真的决定采用我们的建议，在未来3年就差不多可以多挣2 000万美元。而实际上，我们上一个客户采用了我们的方案后，多挣了3 000万美元。

同样的段落结构，都是站在客户立场进行对话，不过就是针对不同的谈话对象而有所调整罢了。

图4.2就是现实中运用过的例子，我们将段落要点标示了出来。但请灵活运用，不要生搬硬套。

一旦你有了现成的套路，对于如何在销售会谈中体现你公司的核心价值，你就已经做好了准备。

> **[专家专业]** 我们是会计师。
>
> **[目标客户] [提供价值]** 我们确保私人企业客户能更好地理解其财务部门，并实现其财务目标。多数人认为企业的财务部门不过就是商业运作的成本部门。我们协助客户更加**准确地理解财务部门**，并通过我们的专业训练帮助客户实现财富目标。
>
> **[客户需求] [概念论证]** 这里有一个真实的案例。上周，我们给一个客户分析了其目前的采购情况。她为 22 家不同商家采购同一种商品，产品是由两家供应商提供的。我们提醒她注意，并建议她比较两家的优缺点，在其中选择一家，并将全部业务转交给一家。最后她采纳了我们的建议。
>
> 仅一个季度，全新的供应商合作协议就为这个客户节省了 **10 万美元**。

> 我与世界上一些最知名的公司合作，**维护他们的品牌**。
>
> **[提供价值] [客户需求]** 凭借我们在**知识产权法**方面的经验，我们曾协助耐克、NBA 等组织维护他们的品牌价值。
>
> **[目标客户] [概念论证]** 就在上个星期，我们还协助客户处理了一起海外盗版音乐侵权的案子。由于我们在那些国家有相关的联系人，所以很快就落实了客户产权的保护工作，从而让客户获利。
>
> **[商业价值]** 这一点微小的帮助却间接为客户带来**几百万**收入，否则客户就会陷入巨额费用的官司诉讼中，还得聘用海外不熟悉的顾问。

图 4.2　公司价值定位宣言的模板

RAIN 模式的交谈

我们之前也明确强调过：RAIN 集团协助客户提升销售业绩。

如果你想提高公司销售人员、专业顾问和职业经理的业绩，我们帮得上忙！那么，我们自己也是按照这个套路展开的吗？当然，不过我们采用的是简洁的综述版本，因为我们既不了解你的具体情况，也不知道你最关心哪方面。我们提供给客户的信息如下：

- 多种不同行业的合作经验。我们有准备，随时可以通过交谈的方式彼此了解，让我们有机会介绍符合您行业的合作经验。
- 我们能满足特殊需求，从寻找销售疑难杂症到提升销售业绩，从克服异议到签约，从招聘优秀销售人员到猎头职业销售经理，销售领域之内的大小事，皆在我们的服务范畴中。
- 我们协助客户，提供有影响力的解决方案，我们具备系统的知识体系，从提高单一销售人员的业绩到提高新入职员工进入工作状态的速度、缩短实习生周期的方法等，全都包括在内。

在我们揭示的研究结论背后都是每个领域的成功案例，都是完全不同类型的客户，我们具备的是在大量研究的基础上积累的智慧结晶。

如果你了解自己能够提供的价值，也知道构建销售会谈的方法，你在交谈中充分引起对方的兴趣。如此一来，你不但能自如回答"你是做什么的"这种问题，还能在进一步交谈中找到自己的位置。

当与许多销售人员一起工作时，我们注意到在开始会谈之前，他们一直在担心会在什么样的开场问题上浪费时间，其实他们大可不必如此，而应该将那些时间用于准备一些更有效的提问。

上编　中国案例

莉莉任职 ABC 儿童英语教学辅导员已经 3 个月了。说是辅导员，但实际工作并不是在教室中辅导孩子们学习英语，而是接待带孩子来咨询儿童学习英语事宜的家长们。她的工作目的就是在与家长的交谈中了解他们孩子的语言情况，以及父母对孩子学习英语的看法和期望。

在充分了解孩子的现状后，再向家长介绍 ABC 儿童英语辅导课程的特点，以及其他的儿童英语课程没有的一些优势。莉莉入职的时候对能否胜任辅导员还不确定，后来真正接触具体的工作后才理解其实这是一份销售工作。

销售工作的目的是通过与人交谈，理解别人的想法、意图，然后有针对性地介绍自己的产品，并影响客户做出判断。客户会判断产品是否符合需要，产品的功能是否都能使用上，并进一步判断是否物有所值。

莉莉有 7 个同事，都是辅导员，实际做的都是销售工作。他们各自用不同的方法与家长们交流。几乎每个家长来了解课程时都会问：一个月交 3 800 元，孩子最后能够学到什么呢？

针对不同的人，莉莉的同事对这个问题的回答也都是不同的。

针对A的回复：能够学到好多东西呢，不仅有英文字母、英文儿歌、英文故事，还教孩子们认生词，我们的老师在这方面相当有经验。

针对B的回复：不同的孩子根据自己的情况能够学到的东西有多有少，老师在教课的时候是根据孩子的接受能力而有针对性地教学。有学到儿歌的，也有学到小故事的，也有喜欢背单词的。

还有的辅导员是这么回答C的：上次有一个妈妈也是这么问的，我们安排了试听，试听后第二天，她就来报名了。我们了解到试听的那天晚上，孩子在入睡的时候唱了课堂上所听到的英文儿歌。后来这个妈妈给孩子报名参加了升级班、加强班，现在这个孩子已经上小学了，对英文的兴趣特别浓厚。

还有这样回答D的：每个孩子都能够学到东西，看孩子对什么有兴趣了。其实孩子来这里参加英语学习早教，重要的不是单词、语法，也不一定是儿歌、故事，其实就是一种氛围，由老师创造的语言环境，在这个氛围中，孩子们彼此都用同样的语言交谈，就比孩子自己一个人单独练习要好，更容易培养对英语的兴趣。如果说学到了什么，最重要的就是乐趣，在自然的氛围中感受语言的魅力。

还有新来的辅导员在接待家长时也有这样的说法：我们ABC早教机构开办的时间长，采用的教材都是由美国研究设计，最符合幼儿认知心理学，也是最受家长孩子欢迎的。

有时辅导员把以上的说法都混合在一起，碰运气吧，也许哪句话就说到了家长的心坎里，家长就报名了。

这样从事销售工作的人有很多很多，类似这样的做法，机构没有对销售人员进行恰当的辅导，在不了解客户心理学，没有掌握沟通技巧的情况下，任由销售顾问接待客户，都是属于粗犷的风格，不讲效率，不讲科学的，一味依靠勤奋、热情、励志、鼓动等都是中国常见的销售套路。

请你设身处地地从家长的角度考虑一下，你觉得哪个回答比较容易打动你？

如果你能够找到交谈中比较有效的说法，祝贺你，你应该能够理解这个章节中讲解的价值定位、交谈的方式、谈话的话题这些要点。读书是为了更好地落实到生活中、工作中，这才是这本书强调的。

对于这一部分，如果你有任何疑惑都可以与这本书的中文翻译者联系，我的邮件地址是 yes4you@gmail.com。

中编　RAIN 模式理论篇

专家导读

在开始阅读这部分之前，请你掩卷思考 15 分钟，这将对你的阅读很有帮助。思考的线索有 3 个方向：

1. 同学聚会的时候，大家交谈的话题有哪些？其中，哪些话题你可以接上话，并能讲出一些同学们也比较爱听的内容？

2. 同事之间一起吃过午餐后，你首先引入了哪些话题？在你引入的这些话题上，你们交谈了多长时间？

3. 如果让你自己独处，然后自言自语一段话，你觉得哪些主题你可以自由地讲 5 分钟，中间没有重复的内容？请你列出这些主题。

如果你真的愿意通过阅读一本书来取得工作方面的进步，并通过阅读、实践来提高自己的工作能力，那么，你还应该把上面的答案写出来。然后测量自己在与人交谈这个行为方面的表现水平。

1. 同学聚会通常交谈的话题五花八门，一顿饭 2 小时，有时可能会超过 50 个不同的话题，如果其中有 10 个以上的话题，你都能够接上并能延续话题，同学还喜欢听，这个项目你可以得到 20 分。如果你能够接上的话题达到 20 个，你就可以得 25 分。如果超过 25 个，你就可以得到这个项目的满分 30 分。

2. 如果 1 个月内，与不同的同事在休闲时间内交谈，你引入的话题超过 1/4，这个项目可以得到 20 分，超过 1/3，得到 25 分，超过一半以上，就可以得这个项目的满分 30 分。

3. 这个项目的满分是 40 分。如果你有超过 8 个话题，都能够自言自语讲上 5 分钟以上，就可以得 30 分了。如果能够做到 15 个话题，就可以得 35 分。能够自如地讲 10 分钟的话题超过 20 个，就可以得到这个项目的满分 40 分。

最后，计算一下你得了多少分。

然后再开始阅读本章吧。阅读后，看你的分数是否可以得到提高。

孙路弘

第 5 章

寒　暄

看到乔·吉拉德的"250法则",你是不是像吃下一颗定心丸一样,不再怀疑"寒暄"发挥的作用?

面对满脸倦怠的客户,你为了把握好不容易争取到的会谈机会而无限制延长会谈时间,但是客户能记住你说的所有内容吗?

面对多家条件相当的供应商,客户往往只因喜欢谁家的销售人员而决定采购。

销售的首要因素就是热情,如果你情绪高涨,客户也会受到感染,变得心情愉悦,这与销售额密切相关。

畅销书《绝对成交销售加速手册》作者戴维·库克

有关寒暄、人与人之间拉关系并不是什么新鲜的说法。自从20世纪20年代以来,类似的图书一本接一本,都是教你如何拉关系、怎样寒暄的。比如有些书会教你进入客户的办公室后要先观察,然后所说的第一句话一定是你看到的东西:"噢,墙上有这么大的一条鱼骨!你很喜欢钓鱼吗?我也经常去怀俄明州钓鱼。我们可以好好聊聊。"让人惋惜的是,现如今,不仅销售人员知道如何去寒暄,客户也对此套路了如指掌。这种做作的、假情假意的面子话题会令人心生厌烦。

> **RAIN Tips**
>
> 吉拉德曾经自豪地说过:"'250法则'的发现,使我成为世界上最伟大的推销员。"他认为每一位顾客身后大体有250名亲朋好友,如果你赢得了一位顾客的好感,就意味着赢得了250个人的好感;反之,如果你得罪了一位顾客,也就意味着得罪了250个顾客。

寒暄并不是事先设计好的动作,也不是见到客户使出浑身解数就能立刻拿下订单的神兵利器。有关寒暄的设计规划其实都是算计客户的雕虫小技，对于这类寒暄，我们的建议非常直接：坚决不做！

对客户来说，他发自内心的想法就是寻找一种能够与销售人员建立某种关系的途径。而对于销售人员来说，为了拿下订单，他就不得不严肃对待客户的这种心理期待。

在我们的研究报告《客户如何购买》中，我们指出：26%的客户表明在他们最近的几次采购中，没有经历销售人员同他们建立私人关系的情况。这样看来，100个人中有26个人并不在意是否建立关系。但进一步说，这26个人中，又有85%的人声称，如果建立了私人关系，他们会在某种程度上更倾向于考虑采购。

案例分享
Rainmaking Conversations

因为喜欢他才合作

我们的一家公司即将上市。在上市的过程中，我们需要选择财务公司做咨询。当时，我们与五大会计师事务所进行了磋商，最终选择了其中的一家。我曾经问我们的首席财务官，选择这家公司的主要原因是什么。

首席财务官把我带到他的办公室，给我看了选项要求清单，并逐条说明这家是如何最能满足我们要求的。交谈了一会儿之后，我感到十分惊讶。作为一个快速发展公司的年轻管理者，我从经验丰富的前辈身上学到了做重要决定时应该采用的科学方法。只有这样，做出的决定才会科学、具有分析的力度。

随后，他关上门，悄声说："想知道我选择他们的真正原因吗？"

"当然！"我立刻回答。

他果断地说:"我喜欢他们!"

然后他接着讲他的感想,其实5家当中有3家都具备足够的经验、资历和能力来做公司的上市业务。其中有1家至少在两个方面是有优势的(当然不是重要的方面),不过我们还是没有选他们。

这是一个典型的例子,诠释了一个道理:人们倾向与自己喜欢的商家合作,然后再来理性地分析和解释。当所有事项都差不多的时候,人们会选择自己喜欢的商家。几乎所有人都是如此,当大致情况都差不多的时候,人们会选择与自己有更多共鸣的人。

每个人都需要"被承认"

要建立真正的感性关系,寒暄必须是发自内心的真诚共鸣。你可以按照如下的建议,来点真正实在的寒暄:

1. **真诚**。上学第一天,父亲谆谆嘱咐的是:"做真实的自己,一切都没有问题。"与潜在客户交往时也是一样。在阅读本章讲到的其他与客户交往的方式时,必须牢记,所有不同的方式都有一个前提,那就是做你自己,要真诚。不要装成其他人的样子,不要故意显示独特的个性,也不要模仿其他的销售人员。放松、微笑、积极乐观,好事自然来!一个奥斯卡明星曾说:"做好自己,自然有人欣赏!"

2. **要热情友好**。淡漠的人得到的也是淡漠的回应。在交谈初期,尽量热情友好,面带微笑,握手坚定,目光接触自然,交谈时投入。

3. **给予关注**。不要惊讶,人们都是以自我为中心的。在复杂的销售中,给予人们关注会相当有帮助。因此,在给出最佳解决方案前,我们需要研究潜在客户,应该真正关注潜在客户面对的商业挑战。并且,与他们交谈、书信来往的时候，要注意称呼他们的名字。

4. **不要急功近利**。我们见过的不少销售人员都属于急于讨好型。可这种别扭的讨好只会招致客户的反感。刻意和肤浅的讨好会让人显得急功近利，不真诚的恭维和奉承也会让人感到恶心和厌烦。因此，一切都不能过度。

5. **真诚的赞扬**。奉承是虚假的，容易被识破，但真诚的赞扬会让人有所触动。如果你真心喜欢客户的办公室、客户公司的网站或他们的出版物，就要真诚地表达自己的喜欢，如果不是发自内心的就请别说。如果通过新闻看到客户公司得到认可，你可以表示祝贺。我祖母总是说："每个人都需要被承认！"

6. **把握寒暄的时间**。销售新手在与客户敲定面谈的时间后，一般都会觉得压力较大。他们总是想：对方可是这家公司的总裁啊，他给我一个小时，我要用好，不能浪费，所以我就别浪费时间闲聊了。然而，从客户公司的前台接待到最终决策的总裁，所有人都希望从感觉上熟悉的人手里买东西。

如果你在面谈开始时就马上直奔主题，"言归正传，我们的业务是……"丝毫不给人打招呼的机会，这样会谈中的人就会处在紧张状态下。但你也得控制好进入正题的时间，如果闲聊太多，客户又会想：怎么还不讨论正题啊？因此，在销售会谈中，你要把握寒暄的时间。

案例分享
Rainmaking Conversations

减少寒暄的时间更容易赢得合约

RAIN 集团的客户都会得到我们的帮助，我们尤其擅长与潜在客户交谈。不久前，有一家高科技供应商要与他们的潜在客户（一家投行）开展销售会议。我们以唯一一家第三方公司的身份出席会议。我们早在会前就到达了现场。通过会议室的玻璃窗，我们看到另外一家公司在展示他们的产品。按照计划，他们本应该在12：00结束，结果却一直拖延，12：15……12：20……12：25，最后终于结束了。

5分钟后，我们和这家高科技供应商进去了。简短的常见介绍后，看着投行高层经理面带倦意，我方的销售人员关切地问："我们约好有1个小时的展示时间，不过我可以压缩一下，在13：00结束怎么样？"这位高层经理立刻说："如果你半个小时就能结束，午饭我们请了！"

最后，销售人员用了25分钟介绍产品，还有5分钟，此时他问："还有未涉及的话题吗？我可以再补充。"客户回答道："多谢你如此守时，讲得非常好，就这样吧！"

会后，我们一起用了午餐。客户对他们的印象也很深刻，尤其是在规定时间内展示产品这一方面。最终，他们赢得了这份合约。

7. **了解企业文化**。近期我们对美捷步（Zappos，美国卖鞋网站）公司总裁谢家华进行了一次访谈。我们在写作本书之际，美捷步网站一年的营业额已经突破了10亿美元，并被《福布斯》杂志列为最受雇员欢迎的前100家企业。交谈中我们询问谢家华在选择供应商时运用了哪些标准，采用了什么样的采购流程，以下是他的回答：

"当然，这些供应商必须能够提供实际的产品。一旦产品符合标准，我们还要衡量供应商的企业文化与我们的文化是否相似。我们尽可能寻找与公司文化和价值观一致的供应商。多数情况下，我们选择的供应商标准并不是能提供最低价格的，有的价格反而还要贵很多，我们看重的是文化匹配！"谢家华还提到了企业在招聘人才时的策略。应聘的人要经过前台、司机等其他员工的观察，看其是否友好，对人是否热情。因为几乎每一个接触人的机会都可以成为寒暄的时机。

如果你能够考虑文化的因素，寒暄时就可以从很多方面切入。当然，我们并不是要你放弃自己的企业文化去迎合客户，而是应该选择那些与公司文化比较契合的客户去合作。你可以和几个人组成团队，你总会找到符合自己企业文化的人。他们或许是"严肃、一本正经的"，又或许是更加热情与真诚的人。

不用改变自己，只要留心，就可以改善与人接触的方式。你偏好灰色外套、白色衬衣、红色领带，或者卡其裤、领尖有纽扣的衬衣，即使你身穿牛仔裤、T恤衫，张口就是"哥们，怎么着？"这种另类的架势，也是可以打动人的，只要这是你的本色就好。

8. **把握好说服与询问的度**。还有一个能够与客户建立关系的方式就是在说服与询问之间保持平衡。滔滔不绝地讲解自己的产品或服务会让客户内心感到厌烦。如果询问了太多有关需求方面的问题，客户又会觉得你是菜鸟。高明的寒暄就是恰到好处地在两者之间平衡，既讲解自己的产品，也询问客户问题，然后留一些空间让客户自己思考。

其实，能够提升寒暄质量的最好讲解就是讲故事。故事可以引发客户的情感投入，也可以帮助你与客户建立信任感。

9. **参与式倾听**。我们的研究报告中提到，许多客户反映销售人员根本就没有倾听他们的想法。如果潜在客户觉得你没有倾听，你也就不可能再进一步通过寒暄维护彼此间的关系了。参与式倾听，其实就是真正用心听。许多销售人员不是太在意自己怎么说，就是总想着下一句要说什么，当然也就没有心思仔细考虑客户的心声。这样客户就会觉得你根本没有在倾听，从而最终导致寒暄的结束。

10. **显示关联性，分享相似性。**人与人之间的吸引力在于彼此之间是否有关联，是否有相似性。尽管我们在开篇抨击了伪装的讨好，其本质概念并没有错。两个人越相似，他们彼此间感觉相近的地方就越多，也能找到更多的认同感。不同企业之间的关联性在这一点上也是类似的。如果你们有过类似的工作经历，又克服过类似的困难，你们就会有相同的感觉，也更加容易建立关系，从而建立起相互的信任。

案例分享
Rainmaking Conversations

主动出击才能打破僵局

在每天的销售工作中，总会有这种情况，客户就是不给我们约见的时间，或感觉客户确实不喜欢我们这个样子。

面对这种情况，我们常用的策略就是主动出击，舍得付出。不过这么做，客户会感觉受到诱惑，于是更加小心提防你。

本·富兰克林也曾经陷入类似情景，在宾夕法尼亚州议会时，他是这么做的：我当然知道如果像奴隶遵从主人似的尊敬他，就可以讨好他，不过我采用的是别的方法。我听说他的私藏图书馆里有一些罕见、珍奇的图书，便向他表达了收购意向，或至少赏光借我读两天。结果他立刻就把书送过来了。一周后，我归还于他，并附了一张纸条，强烈表达了我对本书的好感。

接着，我们在国会碰面时，他主动过来与我打招呼（以前他可从来没有这样做过），并非常礼貌，表示今后所有场合他都将支持我。之后，我们成了很好的朋友，友谊一直维持至他去世。这也是我学到的人生中最重要一课，那就是"一旦他对你示好过一回，就一定会有第二回，随后每次就成了义务和习惯"。

如果你的销售生涯中遇到过类似的情况，那么你就需要学会打破僵局，先尝试主动做些什么，也可以了解客户的情况，要求他帮你一个忙，这也有可能打破僵局。

这些话术能赢得对方喜欢！

寒暄时，你是可以问许多问题的，但需要牢记在脑海中的是本章开篇强调的"真诚"。如果你真诚地提问，对方也会真诚地回答你。这样也就开始建立了关系。一切太过夸张的说辞和表演都会导致寒暄提早结束。下面是寒暄时可以用到的话题：

- 周末过得怎么样？有意思吗？
- 开会时听说了您的情况，可太简短了，要不我们一起吃个饭，再聊聊。您的经历太有启发性了，简直可以写成一部小说。
- 不得不承认，我特别喜欢您说到的……（引用对方的故事、趣闻、成就、对方的朋友、你真心喜欢对方的具体事情。）
- 您也是来自这个区的？太巧了，您认识某某（最好是共同都认识的人）吗？我也去过那里，您还记得有一家极有特色的餐厅吗？记得当时特别有趣的是那个……最兴奋的是那次……
- 欢迎您来到这里，以前来过斯科茨代尔（Scottsdale）吗？您住在哪里？酒店住得还习惯吗？渥太华变了很多，您看出发生了哪些变化吗？

在电影《推销员之死》中，威利说道："在商界，一个人的形象决定了一切，能够创造个人魅力的人，就能够得到机会，受人喜欢和爱戴，就能够走在别人的前面。"

当然，并不是每件事都像威利设想的那样。为了获得成功，仅仅受到喜欢是远远不够的。

但是，销售人员要从威利的只言片语中获得启发。赢得喜欢虽然不能百分之百地帮你拿到订单，但肯定能够有所帮助。

RAINMAKING CONVERSATIONS
Influence, Persuade, and Sell in Any Situation

第6章

渴望与痛点

为什么有的人能够多年维护老客户,而有的人则需不断积累潜在客户群?

面对不爱讲话的客户,你该如何"撬开"客户的嘴,来一次大逆转?

人们买的不是东西，而是他们的期望。

美国著名营销专家特德·莱维特

困境、沮丧、痛苦、烦躁、挑战……销售人员必须尽可能去挖掘客户的这些痛点。一旦寒暄顺利过关，你就有机会开始着手客户需要你帮助的地方了。揭示痛点是决定销售成败的关键步骤，原因非常简单：

- ◎ 如果客户在与你交谈中提到了他们眼前的困难，那么他内心一定是想克服这个困难，并愿意为此付出时间、金钱以及精力。
- ◎ 每一个客户的痛点都能给你一个机会去充分挖掘真正的商业冲击力。
- ◎ 与潜在客户讨论他们痛点的时间越长，这些痛点在潜在客户脑海中停留的时间也越长。
- ◎ 一旦发现了一个困境，就能像滚雪球一样，沿着线索进一步挖掘出其他的问题，甚至是连客户自己都没有想到的问题。
- ◎ 如果决策者在业务方面没有任何困难，他就不会做什么决策，当然也就不会与你合作。如果可能，你一定要找出对方潜在的难题和困境，这样也许就能够发掘对方的欲望，并使其成为你的潜在客户。

通过寒暄建立了关系并挖掘了对方潜在的痛点后，就成功地创建了初始价值偏差：客户实际位置与其理想位置之间的差距。

不过，挖掘了客户的痛点仅仅只是走了半步。对客户来说，他们面临的痛点仅仅反映了客户需求中负面的那半个部分。如果你仅仅将目光集中在这半个负面的部分，你就没有机会与客户建立深入的关系，并创造更多的合作机会。

当你尝试真正以客户采购的心态来看待这个问题时，才能够深刻理解半个负面部分带给你的限制。客户在决定采购时，大脑里通常有两种意识，一个是解决问题，另一个就是展望未来。

当事情进展不符合预期或者被某事困扰的时候，客户就处在解决问题的意识层面。只有事情发展到他们决定要解决问题的时候，他们才会开始寻找能够解决问题的产品或服务。此时他们愿意接听一些营销电话，并愿意与你交谈。如果你发现客户处在这个意识层面，就应该尽快揭示出问题的核心，并让自己的产品成为解决问题的最佳良方。

在客户展望未来的时候，他们想到的更多是发展和成长。无论是他们的公司还是个人，只要是能够对眼前的现状起到推动作用的产品或服务就可以。他们会在此时集中精力去寻求革新的产品或服务。也就是说，能够让他们在夜深人静的时候还在想的事情根本就不是苦恼，也不是困难，而是由创新、成长、成功和无限可能性所引发的激情与兴奋。

设想一下，你是一家财务、金融和商业咨询集团的一个合伙人。一家不大不小的公司老板对他们现有的财务公司提供的税务理财服务不满意，并约了你一起面谈。通过交谈，你看出了其中一些问题，他们现在的财务公司经常拖延期限，无专人服务，更严重的是，这家公司还有可能违反了政府新颁发的税务法。

因为你知道自己的公司在客户这个领域是专家，而且重点就是专一的顾问服务，你就应该相信这个客户最终会选择与你合作。你询问了一些关键的问题，客户直言不讳，毫不隐瞒。因而你更加有把握，你完全可以帮助这个客户。会谈继续进行，你也提出了进一步发展的方案。你对眼前这场销售会谈非常满意，并已经感到就要拿下这个客户了。

就在快结束的时候，客户顺便提道："我还要与公司的律师核实一些合作细节。你们还没有见过吧，你要不要一起过来，大家认识一下？"你难道不希望把握这个机会与这家公司发展更多的关系吗？你当然欣然接受了邀请，于是你们一起在昂贵的法国餐厅用餐。

落座后，你们彼此打了招呼，不久话题就进入了与业务有关的阶段，对方的律师询问了你一些相关情况：

- 你们公司最近的业务怎么样？
- 你们公司对明年的情况有什么规划？
- 你们公司最擅长的业务是在哪些方面？
- 要实现这些规划，你觉得你们公司还需要落实哪些环节？
- 你们公司需要进一步思考哪些问题，来解决眼前还不了解的领域？
- 其实现在谈的许多内容在6个月前我们都思考过了。如果由你们来做的话，到底能够真正落实和执行哪些环节呢？

以上这些问题都是与未来有关的，而不是揭示痛点方面。接着他们沉浸在自己全新的设想中。有时客户谈着谈着就兴奋了，这时，他们会更加坦诚，也会得意地谈到他们自己公司创立之初的故事，甚至还有一些他们自己的设想以及还没有执行的规划。

听着听着，你已经能够感受到这次会谈将引申出的合作有三个方向。第一，这个公司将着手收购另一家公司，需要你们提供价值评估的建议。而这恰恰是你们公司的强项。第二，对于这类咨询服务，你特别有激情。第三，这类服务的收费应该比一个小时前讨论的合作收费高出 3 倍以上。

这是怎么回事？为什么没有早一点发现这样的机会呢？

在早期销售会谈时，你将注意力都集中在了发现客户目前的痛点上。如果你在挖掘客户痛点方面做得非常好，就能结合自己公司的能力找到合作的机会。

> ▶ RAIN Tips
>
> 如果仅仅关注客户的痛点并集中精力谈解决问题的方案，你能提供给客户的价值就很有限。

在上文提到的例子中，客户公司的律师并没有局限在他们眼前的困难上，而是开始展望未来，并在展望未来的过程中将心中所有需求都徐徐揭开，而这些都是你所忽视的。而客户不过就是把另外一半的意识——积极的、未来的和多种可能性的发展都揭示出来了而已。从下面的图 6.1 中，你可以看到两者之间的偏差有两倍多。

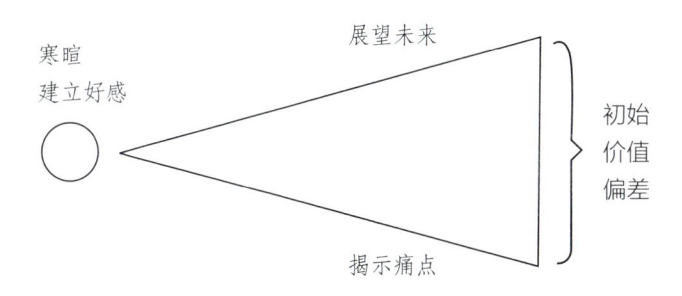

图 6.1 揭示痛点与展望未来后的初始价值偏差

客户痛点的系统挖掘

挖掘客户的痛点与协助客户展望未来,这两者经常交织在一起,并常常互换。为了弥补两者之间巨大的价值差距,从而成功签约,你应该遵循下文的规则。

用系统性方法,挖掘系统性需求

或许,没有深挖客户需求最主要的因素就是缺乏系统性的方法。不管哪一个行业,客户都会有类似的系统性需求等着你去挖掘。

在第16章,我们将列出系统性理解客户需求的框架。从按行业类别划分的常见需求到特殊领域的独特需求,我们都提供了系统性的方法来帮助你揭示客户的痛点。

成功的销售会谈取决于事先对客户需求的研究是否充分。如果客户的需求简单易懂,那么你的准备工作也就很容易。但也不排除客户的需求比较广泛和抽象的这种情况。无论遇到哪种情况,你都应该在访问客户前做好充分全面的准备。

在访问客户前,你应该研究客户的背景以及客户发生过的突发事件,这些都是会谈起步阶段的话题。这里所说的突发事件,可以是客户近期发生的一些事情。这些事情可能意味着他们有问题需要解决,也可能意味着他们在为未来的发展做准备。

类似的事件可能是兼并,进入一个全新的竞争激烈的领域,也可能是扩建厂房,机构重组,新产品发布,又或者是战略方向转移,新高管上任。

通过提问,深度揭示客户需求

提问是发现客户需求的一个简单又好用的方法,不过如何提问才是关键。第一个问题要从广泛、开放性的问题开始。如下的一些问题都可以引导客户开始交流：

- 最近你们的业务怎么样了？
- 听说近期这个行业有不少变化，具体表现在哪些方面呢？
- 面对类似的情况，你们以前是怎么应付的呢？
- 如果有一种神奇的魔术能够改变现状，你会改变哪些领域呢？

广泛而全面的提问能够逐渐揭示出潜在客户对自己目前需求的认知度，言下之意，就是让客户愿意与你交谈所面临的困境或者痛苦，也愿意和你分享对未来的展望。

下面有一个例子可以说明如何提升销售业绩。你询问了一些广泛性的问题，你的客户这样回答："销售人员不具备成功签约的技能，业绩怎么能够提升呢？销售人员之间的技能彼此相差很大，有的人可以发掘潜在客户，有的人则完全不会。有一些人能够多年维护一个老客户，有的人则需要不断地积累潜在客户群，而且也无法做好重复的业务，总是需要新的客户。看起来，他们都在努力营销，可结果却千差万别。"这个客户很快就与我们分享了他们遇到的困难，但这种情况不常发生。有一些潜在客户比较谨慎，不愿意多说。这样，我们就应该从广泛性的问题渐渐转移到比较特定的开放性问题上。

当你询问特定类型的开放性问题时，你将发现客户的潜在需求，这些需求可能连客户自己都没有意识到。在上文的例子中，你发现客户已经谈到他们的销售人员技能方面的差距，也发表了自己的感触。其实，销售技能的差距有时会隐藏在总体的销售业绩中，而销售技能是取得销售业绩的一个重要的方面。

当就特殊问题提问时，要确保其开放性：

◎ 你提到需要提高销售人员的总体能力，这方面的方法有很多，如果我们从招聘开始，我们可以做哪些改进呢？
◎ 销售人员的薪酬水平处于什么阶段？公司采用了哪些方法留住最好的销售人员呢？
◎ 销售流程是否运行流畅？主要问题出现在哪个环节？
◎ 为了达到公司的销售指标，相关的薪酬体系是否真的能够驱动销售人员的行动呢？

以上任何一个问题都可以得到如下 3 种答案中的一种：

◎ 需求明确：你说的值得思考，销售人员的薪酬体系确实是我们眼前比较头疼的事情。
◎ 需求无意识：我觉得我们的销售人员薪酬体系还不错，至少比行业平均水平要好一些。
◎ 缺乏认识：事实上，这一点我也不太了解。

询问有关专业性问题，常常采用封闭式句式。许多销售培训都强调提出开放式问题，而尽量避免封闭式问题。但封闭式问题对于鉴别客户的需求很有帮助。简单明了，无论客户回答"是"还是"否"，你都能不断问下去，进而让客户详细说明。

比如你问到客户有关销售人员招聘方面的问题，你可能得到的回答是：其实，我们在招聘方面做得还不错，都能招到合适的人员。然后，你就可以问如下的问题了：

- 您认为您已经招聘到了相当稳定的合适人选了吗？
- 您已经找到足够符合招聘条件的应聘者了吗？通常你们很快就能拿到足够多的应聘人资料吗？
- 在鉴别优秀应聘者的过程中，是否觉得有一些过程比较耗费时间？
- 确定符合条件的候选人，最后签约到公司的比例大概是多少？
- 录用后3个月内，真正能够做出销售业绩的人会超过10%吗？

尽管当时客户的回答是"还不错"，但当你追问一些细节、采用了封闭式提问后，客户也许就开始思考具体的情况了，也许答案就不是"还不错"了。

当对方开始回答一些问题时，你就有机会进一步与他全面深入地交谈，你可以继续问："然后呢？""噢，怎么会这样？"接着封闭式问题就变成了开放式问题，从而就可以进一步扩大价值认知。

询问封闭式问题，也可以挖掘出客户的需求，有一些需求是客户自己都还没有意识到的，经过你的提问，他们才开始思考。有时，类似的细节问题也许不是眼前发生的，但过后一旦遇到类似的细节问题时，他就会想起来并记起你。比如：

你："你们销售的是复杂的产品和服务，培养销售人员该有多难啊！你们通常要多长时间才可以培养出一个销售人员呢？"

客户："大约12到18个月吧。"

你："在你们这一行中，通常是不是就是这个范围呢？"

客户："差不多吧，这就是现状。"

你："其实不一定。通常情况的确是要12到18个月，因为许多企业在开始阶段没有给予足够的重视。我们协助过不少公司，结果为他们缩减了一半的时间，大约只要6到9个月就可以出单了，有的公司还会更快。我们可以就这方面进一步谈谈。"

客户："不错，你继续吧！"

从广泛的话题过渡到专业性话题，从而揭示出客户内心的需求，帮助他们将更多、更深层次的想法都表达出来。此时针对客户表达的需求，你再开始展示产品或提供解决方案，就能够引起客户的兴趣，他才会有与你合作的意向。

以建议与协助的方式

顾问式销售培训方法着重于从诊断客户的问题出发，然后再理清客户的需求。提问，得到答案，再继续。RAIN模式在这一点与顾问式销售培训方法是类似的，不同的是，RAIN模式高手更强调通过建议与协助的方式探索并确定需求，而不仅仅是通过提问。

RAIN模式原则8的要点就是控制进度。RAIN模式高手从初始阶段就要按照流程推进，并在每个阶段检查销售环节的进展。

总之，RAIN模式高手以自己的专业水平协助客户实现目标，并让客户感受到未来的前景。

回到前文提到的例子中，假设就"如何缩短培养一名成熟的销售人员的时间"的话题进一步交谈，你可以说："好吧，我们原定的会面时间还有40分钟，让我打开幻灯片以及相关资料，进一步解释其具体的做法，最后留20分钟，我们再就具体问题进行探讨，如何？"

具体该说什么还要看当时会议的进展情况，到时候很可能你将偏离你最初预定的话题。其实，你仍然可以与客户约定下次会议再谈这个话题。

如果你能展示出提高效率、让业务加速发展的具体做法，并能够以实例佐证，你的销售会谈就会具有足够的冲击力。假设你的进展具有推动力，你就会发现客户有强烈的购买欲。因为他看到采用你的方案后所获得的利益，而这些都是他以前没有想过的。

逆转：核实客户到底想要什么

如果你遇到一个不太愿意讲话的客户，闭口不提自己的需求，总是说"没事，我们没有问题。我们也没有面临太多的挑战。我们的同事都相处得挺好的。我觉得你幻灯片上所展示的东西不太适合我们"这类话，你又该如何处理？

现在就看你的决定了，是找个借口干脆结束会谈呢，还是把握这次难得的机会，来个大逆转？

逆转就是转换交谈的话题。在上面的这种情况下，逆转就是停止挖掘客户的需求，回到起点，核实一下客户到底想要什么。

你可以对他说："看起来您非常忙，这是好事！可能您的处境比我接触到的其他客户要好多了。有关销售业绩，我问了许多相关问题，我听到的与您说的都类似，如果您确定一切都与您设想的完全一样，我们今天就到此为止，不占用您更多的时间，好吗？"

这个时候，客户可能就会觉得出乎意料。你是一个销售人员啊，而他则是超级忙碌的公司高管。你应该做的就是努力介绍，而他呢，就是尽全力拒绝（或者确实真的是没有任何问题，也没有任何憧憬）。他设想的画面是你不断地介绍、演示，由他来结束会谈，而不是由你提出主动结束。

也许潜在客户确实从来没有思考过，也许他的脑海中还有其他的想法你还没有发现。这时候，至少会产生如下两种可能：

- ◎ 确定没有困难，对未来也没有憧憬："你说对了，确实该结束了，不过可以保持联系吧！"
- ◎ 也许可能错过了什么："不，我觉得应该继续讨论一下，可能有一些情况还不是特别明白，还要多沟通一下。"

无论出现上面哪一种情况，你都有收获。就算现在结束了会谈，将来还会有机会。随后，你就要回顾并分析，是否还有更多的方法去激发客户的兴趣及需求，揭示其痛点与渴望。你结束这个会谈，就可以去拜访下一个客户。如果客户表达了想继续交谈下去的愿望，也就是说在他脑海中目前的处境与理想的境地仍然是有差距的。而你也将有更多的时间去指出那些差距。此外，你也可能因为你的坦率而获得客户的尊敬。揭示客户的痛点和渴望并不复杂，但也不要忽略任何环节。

- ◎ 针对客户的需求，寻找行业的困难和潜力。
- ◎ 询问。争取提出3个诊断类的问题——广泛的开放式问题、针对性的开放式问题和封闭式问题，这些都可以挖掘出客户的需求与利益。
- ◎ 启发。分享自己的见解，引导客户思考，发现客户的潜在需求。
- ◎ 深入挖掘客户的潜在需求。
- ◎ 保持足够的耐心，不放弃任何一个机会。
- ◎ 避免匆忙结束谈话，武断地下结论。

挖掘客户的痛点，并引领客户展望未来，这并不难。只要你能带着目的去开展销售会谈，你终将成为RAIN模式高手。

第 7 章

冲击力

为什么将解决方案量化后,能快速拿下订单?
在会谈中给客户造成什么样的紧迫感,会促使客户做决定?
在销售会谈中,除了向客户阐明能得到的利润回报,你是否考虑过"自我满足感、同事认可"这些感性冲击力呢?

> 销售前的奉承，不如售后服务。这是制造"永久顾客"的不二法则。
>
> 松下电器创始人松下幸之助

在成功地挖掘了客户的痛点并激发客户对未来的憧憬之后，你就可以开始 RAIN 模式下一阶段的沟通。而这个阶段是许多销售人员失利的地方。如果成功地进入这个阶段，你与那些失利的人就不可同日而语。

在挖掘出客户的痛点与渴望之后，客户接着会问："然后呢？"这时，你需要给出答案。如果客户的困难并没有得到解决，然后呢？如果憧憬的未来并没有实现，然后呢？情况会更糟糕吗？曾经的那些困难是不是会继续影响公司或者部门、个人的业绩？如何降低恶化的情况对客户个人生活的影响程度？

客户期待的美好未来并没有出现，然后呢？公司是不是会走上岔道，期待的未来是不是永远不会再实现了呢？如果真的实现了，客户的个人竞争力能否得到提升？他们个人的职业前景是否也会一片光明？

根据不同情况，"然后呢"之类的问题也会发生变化。但当你在为客户描绘"然后呢"所呈现出的未来时，要让客户明白从你这里购买的重要性，这可能会促使他决定立刻签约。有效地运用"然后呢"这样的问题来创造一种紧迫感，这会加速客户签约。

"然后呢"的答案将揭示出销售人员对客户业务以及生活的影响。当你帮助潜在客户认识到你们眼前的问题，并提出解决问题的方案时，你就为客户建立了一个全新的起点。当你理解了客户困难的真正原因，你也就为他们指出了目前所面临的真正商业障碍。随后，你要将失败的成本和成功的收益等这些内容都融入交谈的话题中，这样你就将真正的价值偏差都表现了出来，见图7.1。

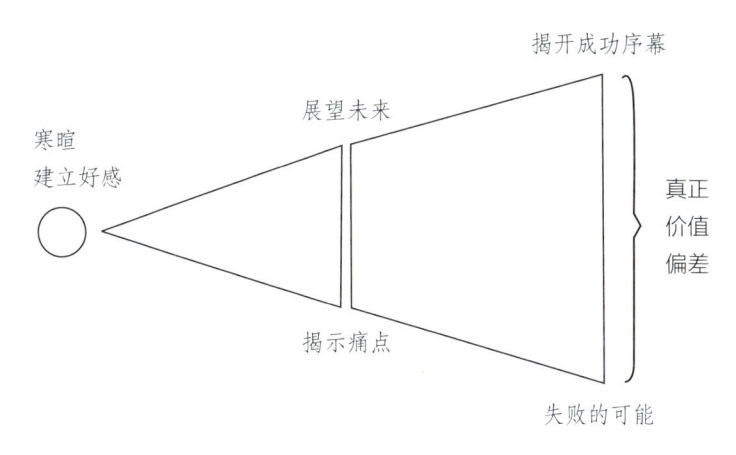

图 7.1　真正价值偏差

帮他解决问题 / 赚更多钱 / 体会巨大成功

冲击力有两种形式，一种是理性冲击力，另一种是感性冲击力，两者紧密相连。

理性冲击力体现在商业方面，即一旦解决了眼前的困难就可以实现的成就，潜在客户能得到的利润率。

感性冲击力是客户对成功的渴望、对财务自由的憧憬、得到同事的认可、感到自豪幸福、生活无压力等。这些是决定采购的最强有力的驱动因素，但往往经常被销售人员低估。

要给客户指出更多的成功方向，帮助他解决问题，赚更多的钱，这样他的压力就会瞬间得到释放，要让他感到一切都将有所不同，体会巨大成功带来的喜悦，以及度过一个美好而无忧的周末。

展示了理性冲击力后，你将自然建立起感性的冲击力。如果你不能有效地展示出商业方面的实效，你就不能抓住潜在客户的兴趣与需求，从而也就无法带给他们感性的憧憬。这样的话，客户就不会觉得此举有那么重要，更不会将其列入重要的议事日程中。

"销售提高7%、节省3个月、差错从450降到60"

当你为客户展示出采用你的产品或服务所带来的冲击力后，客户就会充分认识到其价值。

要让冲击力变得具象化，并尽可能量化它。你需要做到如下事项：

◎ 用数据展示并说明理性冲击力。
◎ 描绘美好蓝图，创造感性冲击力。
◎ 评估并详述改变现状后的冲击力。
◎ 放大实施方案的紧迫性。
◎ 巧用相似冲击力建立信任、消除压力。

1. **用数据展示并说明理性冲击力。** 你为客户解决困难、帮助客户发掘出对未来的展望后，客户就会认识到这些行动对财务产生的冲击力。你要尽最大可能算出假定客户采纳了你的方案后他可以得到的具体回报数额。

为了精确地计算出数额，你需要熟知你的成本、相对成本，以及任何变化带来的收益和你的冲击力模型。销售人员必须优先了解和掌握自己产品或服务的成本。此外，各种意外变化对冲击力模型的影响也要充分了解，并且要将其控制在可以掌握的范围内。

让我们从基础开始算起。你的冲击力模型基于客户与你签约后可以得到的财务回报这个假设。该模型可以很好地促使客户作决定。客户看到合作后可以赢得的回报，这样他就会认真考虑你提供的建议了。

这里有一个案例可以很好地说明这个情况。

有这样一项业务：保险索赔。保险索赔是什么？你可能从来没有听说过，没有关系，几乎所有客户都没听说过，不过，确实有公司提供这项服务。我们干脆就称这个公司为保险索赔有限公司，简称IAI。确实有不少客户购买这项服务。

IAI已经运营50多年了，为不少企业提供保险索赔服务。比如，在1999年，有家公司违反了《环境法》，导致被罚款1 500万美元。实际上，早在1971年，这家公司当时的首席财务官购买过类似事件的保险，而这类保险就能够用在违反《环境法》的罚款中。

此时，IAI就派上用场了。只要一年左右的时间，IAI就能按照保险公司的约定来索赔这笔已经支付给政府的罚款。而你每月只需交付IAI公司1.2万美元的服务费用，即每年14.4万美元。

然而IAI能够从保险公司为客户索要回来的实际金额在1 000万美元到4 000万美元不等。只要客户每月交1.2万美元，然后IAI再在索要回来的总额上加收15%的手续费，你就可以建立一个投资回报率模型了，见表7.1。

成本：14.4万美元，附加每笔索赔总额的15%手续费。

收益：能从保险公司拿回的索赔额。

表 7.1　IAI 公司投资回报率模型

	最低索赔额：1 000 万美元	最高索赔额：4 000 万美元
投入的成本	14.4＋150（索赔得的 1 000 万美元的 15%）＝164.4（万美元）	14.4＋600（索赔得的 4 000 万美元的 15%）＝614.4（万美元）
回　报	1 000－164.4＝835.6（万美元）	4 000－614.4＝3 385.6（万美元）
投资回报率	506%	550%

对客户所冒的风险，只要事先投入不到 15 万美元，就可能得到 800 万美元到 3 500 万美元的回报。这个回报率模型非常有说服力，也是保险索赔有限公司的制胜法宝。如果 IAI 没有展示这个模型，恐怕很少有公司会考虑类似这样的服务。

然而一旦 IAI 的销售人员展示这个模型（见表 7.1），就能引起潜在客户的关注，引发其思考居然有这样的业务存在。其带来的影响异常显著，客户怎么可能不认真考虑与保险索赔公司合作的前景呢？

当然，并不是所有的模型都能够具备上述这个例子的冲击力，不过多数产品或服务都应该可以建立出类似的投资回报率模型。客户投资于其所购买的产品或服务，理应得到回报。销售人员应该研究客户所在行业的常见情况，并建立相应的模型向客户展示，形成强大的冲击力，从而影响客户做出采购决策。

在财务汇报方面，能够发挥作用的常见因素有：

◎ 减少周期时间。

◎ 增加收益机会。

◎ 降低风险。

- 缩短市场化时间。
- 提升销售业绩。
- 强化创新产出。
- 提高利润率。
- 减少浪费。
- 增加销售漏斗中的客户数量。
- 提高质量的同时降低成本。
- 质量好/维修少/生命周期长。
- 提升品牌识别度和曝光度。
- 减少员工流失。
- 简化新项目实施的步骤。
- 减少重复性工作。
- 提高员工的生产效率。

以上每个条目或清单上不包括的内容都能量化。你的工作就是量化它们，并形成符合潜在客户情况的投资回报率模型，让客户意识到与你合作后能够带来的财务收益。

2. **描绘美好蓝图，创造感性冲击力。**提高声望、享受快乐每一天、更多的安全感、无须每天工作到晚上9∶00、无负担地享受假期、消除压力……这些数不清的非金钱回报，你都可以用来强化感性冲击力。尽管金钱的数额非常重要，但并不排除所有能让客户感觉良好的合作前景。

3. **评估并详述可备选方案的冲击力。**你必须对最有可能出现的情况有备选方案，并做好规划（竞争对手不一定总是有备选方案）。替客户考虑备选方案也是能够打动客户的一个途径。

▶ RAIN Tips

> 没有商品这样的东西。顾客真正购买的不是商品，而是解决问题的办法。

比如，一家技术外包公司要向客户推销自己的技术服务，客户有可能会选择自己建立技术维护部门。

假设潜在客户是一家有 25 名律师的律师事务所，他们技术部门的主管年薪是 7.5 万美元，刚离职。律师事务所考虑聘用一名新主管。而这家技术外包公司的服务费收取标准是每台电脑每月 60 美元（这家公司有 50 台电脑），也就是说每年每台电脑要收 720 美元，所有电脑的年费则为 3.6 万美元。每台服务器一年的收费是 1 万美元，这家公司有两台服务器。

如果该公司需要到场服务的话，一年额外收费 2 万美元，包括为事务所安装软件、与技术总监定期进行战略会谈。技术外包的投资冲击力模型见表 7.2。

表 7.2　技术外包的投资冲击力模型 1

外聘新主管的成本	外包成本
一个技术主管的年薪：7.5 万美元	服务年费：2 万美元
	现场支援年费：2 万美元
	所有电脑服务费：3.6 万美元
	总收费：7.6 万美元

这样看来，公司的高管可能会说："噢，那我们聘请一个人到公司来还好一点，我们也不用额外再付费添加一台服务器。况且，如果是公

司的员工，还会有归属感，彼此也熟悉，也能为我们更好地服务。所以，干脆还是聘请新主管吧。"

单就这个模型来看，确实没有足够的财务理由影响客户考虑外包。但如果销售人员能够透彻理解冲击力模型，也许就可以发现能够造成冲击力的其他因素，并能清楚向客户说明各种可能替代方案的比较分析。

对于技术外包公司来说，模型中还可以考虑到的因素有（见表7.3）：

◎ 每台额外增加的电脑的最低耗损费用。
◎ 省去招聘、员工安置和人力资源成本以及额外的费用。
◎ 减少用户等待时间。
◎ 所有技术专员都能随叫随到。
◎ 专家能提供各种技术支持。
◎ 即使发生重大事故也不会有额外增加的服务成本。
◎ 上乘的服务质量。

只有深入细致地研究薪酬成本，才能够激发潜在客户重新考虑。优秀的销售人员总有办法影响客户重新权衡，并认真考虑外包的可行性。

4. 放大实施方案的紧迫性。你可以这样问："如果维持现状会怎样？"销售高手要向潜在客户充分展示出要合作且现在就应合作的理由。有时，合作的理由太明显反而会让销售人员大意，觉得"这个单子已经到手了，价值再明显不过，不合作那不是疯了嘛"！

尽管合作的价值非常明显，但会谈结束时，客户还是会犹豫不决，并对你说下周二再做决定。等到下周二，他又会推迟到周三、周四，迟迟没有定论。最终，到周五了，客户说："我向整个团队介绍了合作的可能性，不过他们决定还是要等等，至少一个季度吧。我们可以保持联系。

表7.3 技术外包的投资冲击力模型2

冲击力模型因素	问 题	答 复	冲击力
每台额外增加的电脑的最低耗损费用	销售人员：公司来年预计将增加多少名员工？	客户：预计将增加65到70名员工。	内部聘用的额外成本 = 4.5 − 1.08 = 3.42（万美元）
	销售人员：您知道现在行业技术支持标准是一个技术支援可以管理50到60台终端吗？	客户：还真是不了解这个比例。 （销售人员：如果内部聘用的话，多请一个人要额外增加4.5万美元以上。而与我们合作的话，增加15个终端仅增加1.08万美元的额外费用。）	
省去招聘、员工安置和人力资源成本以及额外的费用	销售人员：聘用一名技术人员要付出多少成本？	客户：创造20%的收益需要付1.5万美元；10%的奖金是7 500美元；25%的聘用费用是1.675万美元；还有面试很多人需要投入的财力、物力。	内部聘用的额外成本 = 4.125（万美元）
服务质量	销售人员：你们过去的内部技术人员提供的服务，大家都满意吗？	客户：比较复杂。内部技术人员有时忙什么我们并不知道，员工有时需要技术支持就得等。	如果我们的技术专员没有及时为你们提供服务，你们的员工就可以投诉，我们随时会处理的。

第 7 章 | 冲击力

(续表)

冲击力模型因素	问 题	答 复	冲击力
即使发生重大事故也不会额外增加服务成本	销售人员：公司有过服务器瘫痪从而影响到公司所有人工作的情况吗？	客户：没错，两年前有过一次，网络被攻击，我们需要外请支援，公司内部技术确实解决不了。结果一个多星期后才解决，导致每人至少浪费10小时，额外花费共1万美元。（销售人员：如果外包给我们的话，一旦被攻击，我们就会立刻找来防护专家，他们都是24小时待命的，并且完全不会影响公司员工的工作。比临时现请技术人员要省至少一半的时间，当然还能节省额外的1万美元。）	因重大事故而损失的成本为6.25万美元（10 × 25 × 0.025）。 我们至少能为你们节省一半，那就是3.125万美元，当然还能够节省额外的1万美元。 共节省4.125万美元
专家能够提供各种技术支持	销售人员：公司以前出现过因内部技术人员水平不够而不得不临时外请专家的情况吗？发生这个情况时，额外的成本是多少？	客户：的确有这问题。我们内部的技术人员可以解决网络以及办公软件的常见问题。如果需要解决网络安全、防火墙等方面的问题就需要外请技术人员，一年费用为1万美元。（销售人员：我们公司拥有各种应用技术人才，我们可以通过远程操作随时为你们提供支持，并且没有额外的费用。）	可节省1万美元

85

(续表)

冲击力模型因素	问 题	答 复	冲击力
减少用户等待时间	销售人员：针对用户出现的电脑数据问题，通常平均回复时长要多久？如果是紧急事件呢？	客户：常见问题得到回复的平均时间是4小时。如果严重的话，相应会快一点。如果两件紧急事件同时发生，恐怕就必须有一个人要等了。一段时间后，技术人员必须要进行备份。此时会有不少要求技术支持的人需要等候。差不多每个月，像我们这种25人的律师事务所都会发生类似的等候事件。	每月因等待而损失的金额＝25（律师人数）×2（每月损失的小时数）×0.025（每小时损失的金额）＝1.25（万美元）。如果采用外包，一年合计可节省15万美元。
	销售人员：差不多一个人平均要等3到4个小时才可以得到技术支援。这个时间划算吗？律师的收费是不是每小时250美元呢？	客户：对呀，是这样的！（销售人员：如果外包的话，就不需要等待了。平均15秒就可以得到技术支持。如果是紧急情况，立刻就会得到技术支持，我们能为你们节省等待的时间，比内部技术支持至少节省2到3小时。）	
共节省的费用	节省人员增长成本3.42万美元； 节省招聘成本4.125万美元； 节省用户等待成本15万美元； 节省临时外请专家成本1万美元； 节省服务器重大事故成本4.125万美元； 综上，如果外包给我们，总共可节省27.67万美元。 此外，我们永远都在线，并能适应公司的灵活安排。整个技术队伍的覆盖面比一个内部技术人员要广泛得多，曾经合作过的企业满意度高达98%。		

目前我们并没有考虑与别人合作，公司也没有发生什么重大的变化，一切照常。眼前的问题也还没有那么严重，总之再等等吧。"

要透彻理解客户的情况，你必须掌握客户面临的选择，从对比中让客户看到他可以得到的价值。客户面对问题时，通常有如下3种选择：

- 通过投入来解决眼前的问题。
- 自己想办法解决问题。
- 对问题置之不理。

通常情况下，当销售人员展示出强烈的冲击力后，客户就会感受到实际的价值。然而有时候，客户还是会出于某种原因而缺乏紧迫感，一时之间不能决定。

这时候，你可能不知道要如何去扭转这种情况。因为客户确实理解了你展示的实际价值，只是由于自身内部的原因才推迟决定。

其实，你还是可以放手一搏，尝试问最后一个问题："那会怎样？"

询问自己："那会怎样？"跟进到了销售的后期阶段，你能提供给客户的价值已经非常明确，可是客户却没有类似的急迫感。也许你可以从相反的角度进行尝试，那就是如果客户不决定签约，他们的问题将如何制约他们业务的发展。

如果客户延迟决定，他们现有的问题就会进一步恶化，并最终影响他们的业绩，从这个角度来切入，并准备好进入最后的会谈阶段。

询问客户："那会怎样？"在恰当的销售阶段，找到机会询问客户："如果公司现在不决定，眼前的问题还会继续发展吗？"如果之前你将所有的可能性都展示在模型中了，通常客户就能够意识到眼前问题的重要性。

客户也许会对你的提问陷入沉默。那么，在交谈的过程中，你还可以继续寻找机会将话题导向更加特殊的情况，比如：

> 销售人员：根据我们的交谈，我计算出现在贵公司每月有 7 万美元的利润，这样一年就是 84 万美元，刚才您介绍说这是客户重复采购率为 50% 的情况。根据我们的解决方案，您已经看到，我们可以将客户重复采购率提高到 60%。当然，如果您现在不决定，除了维持 50% 的比例，还会怎样呢？
>
> 客户：这很难说，也许对手会抢走一些客户。我们也不确定会流失多少。
>
> 销售人员：当然，具体数字谁也不知道，可能流失 2%，或者 5%，都有可能。也许更高。
>
> 客户：也只能猜测，可能比 5% 要高，不过不确定高多少。
>
> 销售人员：好，那我们保守一点，就以 5% 来计算吧，这样的话大约会损失多少呢？
>
> 客户：我们还是有办法的，比如提高价格，当然这还要看竞争对手是否会继续采用价格竞争的手段。我认为我们可能保持价格平稳，或者下降 3%。

量化结果：与量化价值的方法一样，在 RAIN 模式中，你也可以量化客户延迟决定的影响。正如前面的案例中，可以将客户流失量化为账务损失，将价格竞争的结果量化为财务数字，将竞争对手得到的客户情况也量化出来。在进行下一步前，明确这些具体的数字。

展示结果：在交谈中，你不仅要展示你所提供方案的价值，也要展示"那会怎样"的分析结果。

注意要将计算出来的百分数以具体数额来体现，且一定要采用在交谈中客户已经认同的模型来诠释所有数字。

采用"那会怎样"的分析思路,你可以在销售会谈中制造紧迫感,用所有可以衡量的方式提高客户立即签约的比例。

5. 巧用相似冲击力建立信任、消除压力。 有时候,客户已经意识到自己的痛点与渴望,且知道你有能力帮助他们实现目标,而你也明确了合作后能带来的价值,但客户仍然犹豫不决。他们会想,如果早与你合作的话,现在情况如何呢?这时,你就需要讲出更有冲击力的故事,列举更鲜明的例子,对客户进行正面积极的影响。

比如你可以说:根据我们交谈的内容,我总结出三点。

第一,在过去的5个月里,有12个不同国家的产品说明,其营销传播的内容没有译成该国文字。第二,有一些已经译成的文字还与当地习俗不相符,当地人觉得你们不懂他们的市场。第三,目前你们聘用了6家不同的翻译公司来进行资料的译制工作。

这三点与我们过去合作过的一些公司非常类似。他们也是将产品销售到8个海外市场。与我们合作后,所有资料的翻译时间从5个月缩短到2个月。运用翻译质量校验技术软件后,将翻译常见的错误由每月450个降低到60个。当然,他们只与我们一家翻译公司合作。

上个月他们告诉我,由于我们的翻译与当地市场的结合程度之高,使得他们的销售额提高了7%,相当于一年多了800万美元的收入!

将冲击力具象化是一种有效的方法,你表现得越具体越明晰,你所提供方案的冲击力也就越大。因此你需要为客户描绘一个有形的前景,展示与你合作后出现的一切变化。为了实现这个目标,你必须勾勒出一幅与客户达成共识的新现实宏伟蓝图。

RAINMAKING CONVERSATIONS
Influence, Persuade, and Sell in Any Situation

第 8 章

新现实

在给客户描绘未来的前景时，什么样的未来更能打动客户？提交给客户的解决方案，为什么要强调合作前后的对比，显示与竞争对手的差异？

满足消费者的"急迫需求",是快速赚取利润的最佳途径;

满足消费者的"必然需求",是长久获利的最佳选择;

激活消费者的"潜在需求",则是获得市场先机的有效手段。

联纵智达咨询集团董事长、首席营销顾问何慕

客户在没有亲自体会前,无法知道合作后到底能得到什么价值,也无法知道具体会怎么样。销售过程中有一个重要的技能,那就是让客户认识到合作结果,实际体会到合作后能带来的利益。不管你提供的是什么,它都要能改变客户的世界。换句话说,你需要为他们创造一个新现实。

提问要激发客户对未来的憧憬

在销售后期,你的工作就是全面考虑客户的痛点与渴望,以及与你合作后能带来的影响,结合提供的解决方案演示出一种新的变化,从而创造出一个新现实。在给客户提供实际解决方案之前,你就应该考虑为客户创造这种现实了。你可以征求客户的意见,让他们自己说出与你合作后所期待看到的现实。这时,与客户交谈过程中的提问要围绕着激发客户憧憬的未来方向来展开。比如:

- 6个月之后，当产品已经全面上市，您认为出现什么样的变化才算取得成功？
- 现在与您合作的供应商还没能满足您哪方面的需要呢？
- 您期待与我们的合作能为贵公司带来哪些具体的变化呢？
- 我们的技术解决方案实施后，您希望它将如何改进您的数据维护？

▶ RAIN Tips

能够将解决方案与客户需求密切结合的销售人员，签约的机会就越高。

对于以上的问题，客户的直接回答通常会是："我也不知道。"也有客户会说："这个问题不错。"然后就陷入沉默。此时，不要立刻插话，你要继续保持沉默，意即你期待得到回答。不用多久，客户就从思考中走出来，并回答你的问题。

如果你觉得应该提示一下客户，还可以说：

- 在您脑海中产生的图像是什么呢？
- 其实不需要多么宏观的方面，您曾经提到希望这个或那个能够变好。现在就让我们来说说这些方面具体表现出来是什么样子，如果公司同事询问我们合作的进展，您会如何介绍呢？
- 你们的竞争对手有类似您期待的情况吗？能够讲讲这个方面吗？

为客户创造一个全新的现实时，你首先需要问自己一个问题。因为有时候，当你问客户期待什么样的现实，对方可能一点想法都没有，他甚至还会觉得烦恼，要回答一个他不知道的问题，他甚至完全没有设想。

在这种情况下，你就不应该继续深入挖掘了，而是应尽量展示合作后你能够做到的方面。比如，你可以回到 RAIN 模式的第一步开始交谈，最后再达成新共识（见图 8.1）。在交谈中不断举例与你合作过的公司所取得的成果。

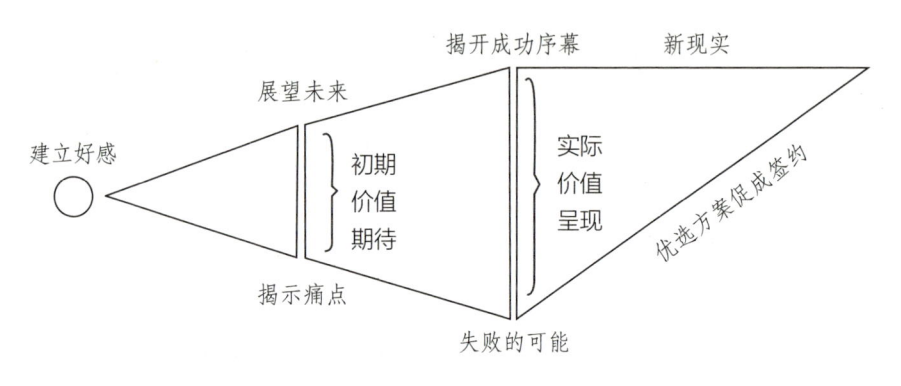

图 8.1　创造新现实的基础

当你在询问客户最期待看到什么前景的过程中，你也为阐述你能够提供的价值建立了基础。同样，客户也能尽快回复你。

必须，将所有新现实以金钱的方式展现

在 RAIN 模式的过程中，你要时刻想着与客户的谈话，以此来完善你的解决方案。

基于对客户的充分了解，大多数销售人员都相信他们能产生积极作用，然后再重新整理能够为客户提供价值的清单，这样可以让客户切实感受到积极变化。

否则，客户就看不到他们可以得到什么，因为你的解决方案没有将他们需求中的零散点很好地连接起来。因此，在销售交谈的整个过程中，

你都要密切注意客户提到的所有要点，并将它们聚集到自己的解决方案中。同时，作为销售人员，你必须将所有新现实以金钱的方式展示出来，让客户认识到与你合作后可以在具体的方面改善他们的现状。这样，新现实就会渐渐清晰起来。与眼前遇到的困难相比，合作后的改变就能够让客户形成一个期待，并以图像的形式呈现在他们的脑海中。

罗列清单：图表和数据都极具说服力

无论是什么样的新现实，你都需要向客户描述出来。你可以从以下几个方面展开：

- 研发新产品的成本节省了 22%，等于 12 万美元。
- 每月节省银行费用及交易代理费用 170 美元。
- 消除无效运营过程，缩短运营周期 12 天，就是每月节省 22.5 万美元。
- 降低次品率 22%。
- 通过效率的提升以及潜在客户线索的提高，每月为公司增加营业额 60 万美元。
- 将总是不按时又不按要求做事的现有供应商扫地出门。

> **RAIN Tips**
>
> 罗列清单是一种有效的展示，图表和数据都非常具有说服力。目的就是将合作后客户能获得的利益清晰地呈现在客户眼前。

描述眼前的具体处境看起来很简单，但关键要素在于你如何为客户改变现状，尤其是展望未来的时候，这些改变需要更加清晰。

比如你正在为提升销售人员的业绩而努力,那么如何提升客户的销售业绩呢?最直截了当的衡量方式就是根据每一个销售人员的业绩来计算。

当然,图8.2中出现的数字并不代表实际一定会出现的结果。在你与客户交谈的过程中,图8.2的作用就是展示出一个预期结果,将合作后客户预期的结果清晰地呈现出来。

现状
◎ 5名销售人员人均150万美元
◎ 25名销售人员人均100万美元
◎ 5名新销售人员成长缓慢
价值3 250万美元

全面提升业绩15% → 增加3名销售精英 → 销售人员的成长周期缩短为3个月

未来憧憬
◎ 8名销售人员人均172.5万美元
◎ 23名销售人员人均115万美元
◎ 8名新销售人员快速成长
价值4 025万美元

增加额:每年增加775万美元

图8.2 开创的新现实

通过数据表格也可以对客户的憧憬造成积极影响,你也可以将第7章问答形式的表格内容整理成如下格式(见表8.1):

表8.1 合作前后的对比

事　项	合作前	合作后
雇用15到20名人员	雇用一个技术人员,需要支付年薪4.5万美元,还要提高相关待遇,增加招聘成本。	不用额外雇人,只需1.08万美元,就能增加15个终端,不需要支付额外的人力资源成本。节省的成本:3.2万美元、附加1万美元的待遇,以及1.1万美元的招聘成本,共节省5.3万美元。

简单的前后对比表格能有效帮助客户认识到他们目前所处的位置与他们所期待结果之间的差距。当然，你也不能仅仅依赖一个图表。你也可以根据实际情况，以定性术语形式（描述性或概念性的语言）或量化形式（财务回报或其他数字计量法）来呈现出一个新现实。如果你的目标是重新梳理杂乱的流程，而这时你已经与客户交谈过他们的现状了，那么针对客户公司流程过长、复杂交叉和大量浪费的情况，你就可以对客户说：贵公司目前的流程和我们曾经合作的一家公司情况类似，就像下面这样（见图8.3）。

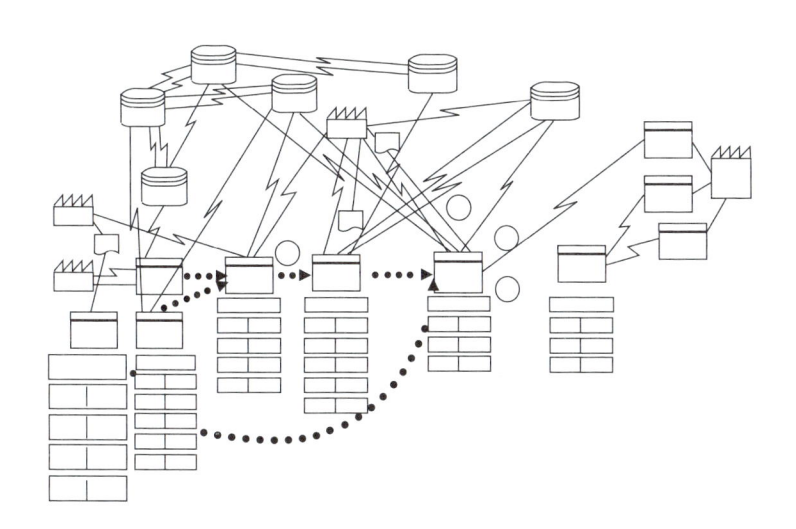

图 8.3 合作前的流程

大约 4 周后，在输出结果不变的前提下，经我们重新调整后的新流程是这样的（见图 8.4）。

新流程比过去快 40%，过去需要 18 天，而如今只需 10 天就能完成。由于提高了效率，和过去相比，我们的这次合作使客户减少了对外聘资源的依赖，同时节省了 50% 的成本。原来走一次流程的总成本要 2 000 美元，每年要走 1 500 次，而现在每次只需 1 000 美元，见表 8.2。

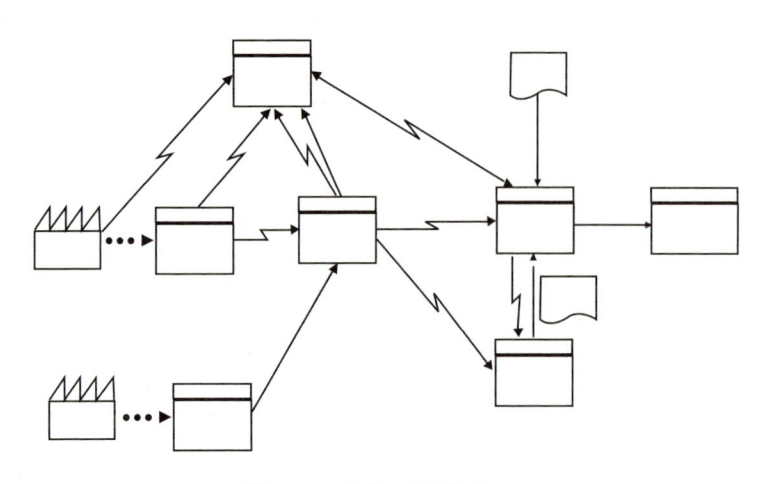

图 8.4 合作后的流程

表 8.2 合作前后的量化数据对比

项　目	合作前	合作后
周期时长	18 天	10 天（对比合作前，提升了 40%）
每走一次流程的费用	2 000 美元	1 000 美元
每年需走流程的次数	1 500 次	1 500 次
每年需走流程的成本总额	300 万美元	150 万美元（合作后，每年节省 150 万美元，4 年就可以节省 600 万美元）

　　4 年期间就能够节省 600 万美元，对您的公司来说，也是一样的。不过有一点不同的是，你们的流程原始起步价更高，如果能够节省相似的百分比，4 年应该可以节省将近 1 000 万美元了。

　　如果你能够设计出更多的表格和图形呈现给客户，促进他们对合作的理解，并帮助他们向他们的同事讲解，让他们对你的产品或服务充满信心，就会提高你签约的概率。

"合作后，每年省150万，4年可省600万！"

当你呈现了一种现状与新现实的变化后，客户就有可能从以下三个方面来思考合作的价值：

- 值得合作吗？（理由）
- 他们是最佳选择吗？（优势）
- 这些都是真实的吗？（证实）

对第一个问题的回答将导致是否合作的结果。为了争取到合作，你就必须进一步强化结果的渲染力量，并清晰地呈现出来。

如果客户决定合作，而你是他们唯一考虑的合作伙伴，合约就是你的了。如果你还有竞争对手，你得尽力突出自己的优势。尤其是当客户对比其他供应商的服务和结果后，能否看出你与众不同的突出特点。

当你呈现出一个新现实后，就必须向潜在客户进一步阐述你的方案是所有方案中最佳方案的理由。同时，你还要赢得客户信任，相信合作后你所说的一切都能实现，而且与你的合作会带来愉快的体验。客户在进一步了解和比较不同供应商的时候，你需要提供更多的项目内容，并将解决方案绘制成图形。这些方法可以在如下几个方面帮你实现目标：

- 强化你对客户业务的理解。
- 强化你理解客户的现实需求，并表示愿意倾听。
- 在客户成功的道路上，你能够协助他们设置议题。
- 你解决方案的优劣将直接决定产品的质量、服务的质量以及公司的形象。

- ◎ 通过流程将自己和竞争对手的差异化体现出来（太多销售人员在这一点上疏忽，没有在销售流程中强调和突出差异化）。
- ◎ 一旦获得客户的认同，你就要更加深入地理解客户面对其他选择时的困惑。
- ◎ 一旦得到客户的认同，就要进一步突出你对承诺的履行能力，如果在销售过程中你都能够履行承诺，合作后当然也可以。

根据各种可能的具体销售情景，还有许多全新现实可以与客户达成共识，见图8.5。RAIN模式的核心元素都在解决方案的模型中，下面是更多的变化元素。

合作后的好处
◎ _____
◎ _____

现状	阶段	阶段	阶段	阶段	新现实
◎情况 ◎渴望 ◎痛点 ◎冲击力	◎目标 ◎结果 ◎量化	◎目标 ◎结果 ◎量化	◎目标 ◎结果 ◎量化	◎目标 ◎结果 ◎量化	◎___ ◎___ ◎___ ◎___

全面成功的测量指标
◎ _____
◎ _____

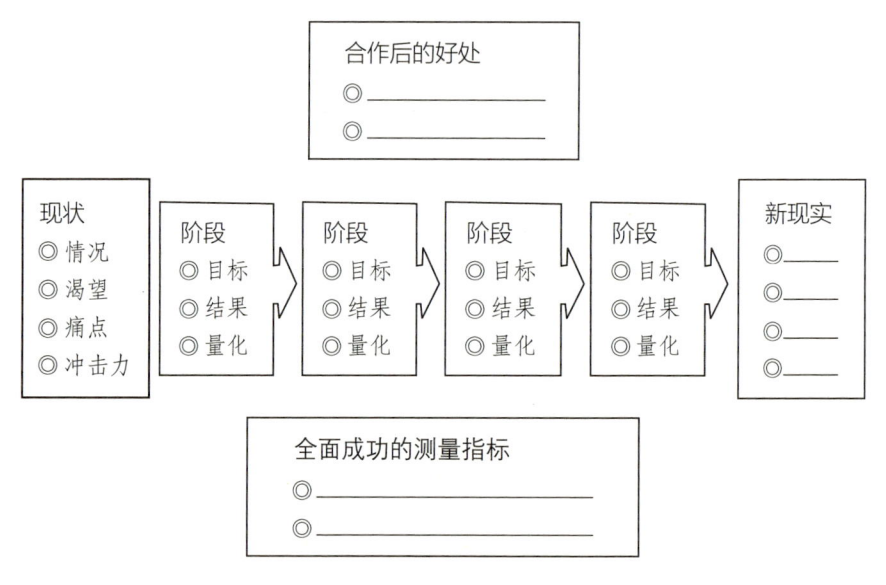

图8.5 RAIN集团的解决方案模型

- ◎ 客户的现状呈现出来的各种表现。
- ◎ 未来合作前景可能出现的情况与对比，形成反差来突出客户对现状与未来的感受。

- 通向未来的每个过程和环节都充分展示出来,包括具体的做法、人员、衡量的指标、阶段性成功的标志。
- 邀请客户对比与竞争对手合作的结果有哪些不同,并有对比性地展示突出的差异和优势。
- 总结出全面成功的衡量模型让客户实际感受成功的影响。
- 突出优先开始的环节,确保客户与你的理解是一致的。

根据具体情况,在交谈中,你需要更多地强调解决方案的各种细节。比如,你的解决方案中没有启动阶段,而是直接进入流程实施阶段,因为这样对客户来说更加简单有效。如果你的竞争对手有启动阶段,你就超越了对手,你与竞争对手的实际差异就更加突出。在上面的例子中,你可以运用图中的模型来全面展示解决方案的价值,从而与客户达成对新现实的共识。

采购与销售一样困难。客户难以看到合作后真正出现的效果,难以感受不同供应商所提供解决方案的实际差异,难以相信是否能够出现合作前讨论的美好未来。对客户来说,这些因素都需要通过交谈,包括与他们公司内部同事的沟通来了解。

如果你能够遵从 RAIN 模式为客户展示美好的图景,达成共识,客户会更加期待你的解决方案,并坚信你的方案是最佳的,信任你可以提供的价值。而这些都取决于你能否让他看到将要出现的美好未来。

第 9 章

平衡说服
与询问

与客户侃侃而谈，不断提问时，你会错失什么？

为什么讲故事是说服客户的最佳法宝？

为了避免冷场，缓解紧张，你该如何做？

> 如果你在交往的过程中表现得像个专家，以非常合理的态度与人交谈，自然能获得对方的合作与尊敬。
>
> 畅销书《优势谈判沃顿商学院谈判实战课》作者 赫布·科恩

销售人员陷入滔滔不绝的境地时，客户也就离你越来越远。为何那么多销售人员总是侃侃而谈却学不会询问和倾听呢？早在1922年，艾米莉在她的《礼仪指南》中就发现了其中的症结：健谈者滔滔不绝，侃侃而谈，喜欢沉浸在自己的话题中，不给其他人机会说话，最终导致听者还没等你说完就转身离开。

虽然一些销售人员能够侃侃而谈，但也有些销售人员少言寡语。很多培训销售人员的辅导材料都强调，销售人员要懂得提一个好问题，用更多的时间来倾听，而不是不停地说。

不幸的是，不少销售人员太过极端地采纳此建议。与客户会谈时，问题一个接一个，不断地问下去，没有提供建议，也没有设置议题。这样问下去的结果只会让客户觉得自己遇到了一个外行。

结果变成你不是说得太多，而是问得太多，忙碌的高管哪有那么多时间回答你没完没了的问题？一个多小时过去了，销售人员可能得不到多少信息。

但前提是，你的产品在市场上是供不应求的，客户不得不采购你的产品。

关键就是要在说服客户与询问之间取得平衡。

确实，在 RAIN 模式中，A 和 I 代表双重意思。在前面我们已经提到，这里的 A 还有另外一层含义就是痛点和渴望，而 I 代表冲击力，当然也可以用在这里，意指把握好说服与询问的度。

为何销售人员总是说太多

与客户在一起的时候，太多销售人员会不停地说，从而陷入侃侃而谈的境地。究其原因有如下几点：

1. **我想展示自己很专业**。你当然应当显示自己很专业。如果不多讲讲，客户怎么知道你如此专业呢？然而，客户想知道的是你是否真的适合他们，是否应该相信你而接受你的建议。如果他们觉得你总是以自我为中心，他们马上就会远离你。

2. **我需要说服和启发客户**。这看起来似乎是对的，你也应该如此做。可如果你总是表现得很过分，或时机不对，客户也会离你而去。

3. **我其实有一点紧张，所以才用讲话来掩饰**。如果你真的紧张，那就要挖掘出紧张的原因。对于销售会谈你感觉习惯吗？与高管面对面谈话时，你感觉不舒服吗？是不是不确定你已经将方案讲得非常清晰了？值得一提的是，许多 RAIN 模式高手早期从事销售的时候都感觉如此，你也要克服。

4. **其实我没有什么计划，也没有具体目标**。麦克·哈南（Mack Hanan）曾说："如果你还没有计划，那就待在车里别动。"如果你已经进入销售会谈阶段了，而这时你还不知道会谈的内容、方向、目标，以及会谈要完成什么，那么，此次会谈也只是闲聊，结束时也不会有任何实质性的进展。

5. **我容易分心**。这与前一点有关。如果你还没有任何计划，就不能将会谈的话题转到设置的议题上，也不要约见客户。因为销售会谈中任何全新的话题都将是浪费时间，也不会有回报。

6. **热情就是我的风格**。说实在的，谁都有激动的时刻。没错，每次会谈中你兴奋的状态都会时不时跳出来。不要隐藏你的个性，不过要学会一点一点地分享，你的客户将更欣赏你的活泼。总有许多原因导致销售人员喜欢滔滔不绝。可能是因为他们不喜欢沉默，他们觉得一旦冷场，就等于是给了客户拒绝的机会，所以总想打破沉默，觉得随便说点什么都好。

面对这种情况，最关键的是，你要找到自己说太多的原因，然后制订计划，改掉言语过多的坏习惯。

你在侃侃而谈，却错过了时机

你可能会这样想："讲话过多怎么了？我就是擅长讲话。如果我不多介绍自己及公司的产品，客户怎么能了解到我有能力帮助他们解决问题呢？让客户了解我不是重要的环节吗？"有时候也许是这样，不过你在侃侃而谈时，可能会错过很多东西，包括寒暄与建立信任的时机。

客户购买的不仅仅是你的产品或服务，他们购买的还是值得信任的建议。如果你总是不断地说，你就接收不到任何建立信任关系的信号。除了你的专业水平外，信任对客户来说极其重要。

另外，人人都喜欢谈论他们自己，讲自己的故事。如果你不给客户这个机会，他们会觉得被冷落，气势上被压倒了。更重要的是，觉得你没有在倾听他们。在这个情况下，你又如何能与他们建立关系呢？

如果你讲得太多，就失去了挖掘客户需求的机会。销售人员展开销售会谈时，很多人都知道可以为客户做些什么，却往往不清楚客户的真正需求。如果一直是你在说，你就只能猜测客户的需求，并在猜测的基础上继续讲述解决方案的要点，但也许你讲解的那些都不是客户真正在意的方面。就算你真的猜到了客户的真实需求，在他们自己讲出来之前，他们也不会承认你说的就是他们的需求。而且他们还会觉得，与你相处时永远不会有机会发表自己的见解。

不要低估客户想要倾诉的需求，他们与你合作的一个强有力理由可能就是你是一个认真倾听的人。如果不倾听，你就会错过为客户特别的需求提供服务的机会。如果无法听到客户的需求，你也就无法提供个性化的解决方案，当然也就没有丰厚的利润。

虽然你也没有很多机会展示你是一个很容易合作的人，但当你认真倾听的时候，只有对客户的议题表示出兴趣，并追问相关的问题，你才能向客户展示真正的自己。

提问要有恰当时长，并适时重复对方内容

"想要展示自己的专业性，建立信任关系，就要多问一些优质的问题。"

"人生来有两只耳朵，一张嘴，听的时间应该是说的两倍。"

"抛出想法后，再看反应。这是业余人士的做法。"

不管你多么想说服客户，询问客户大量的问题后，在你提出建议前要稍作等待，等待他们的回复。这个建议适用于新入门的销售人员。

这是一个差劲的建议吗？不。在销售过程中，询问是必须的。通过

提问题，你可以让沟通更加有效，也帮助销售人员在客户心中建立良好的印象，比如：

- ◎ 理解客户的行业。
- ◎ 更深入地理解客户的现状处境。
- ◎ 显示出你进行了充分准备，对客户的公司进行了充分研究，因此更加理解对方的组织。
- ◎ 可以让客户觉得他们对自己取得成功的一些议题确实考虑得不够深刻。

然而，仅仅通过提问是拿不到订单的。你还需要获得对方的认同，引起对方的兴趣，并激发他们采取行动。如果问题问到点子上，客户就能够通过思考你提的问题，认识到你是熟悉他们情况的，进而认识到你的价值，并了解你是一个很好的倾听者。

客户偏爱善于倾听的销售人员，但不等于他们喜欢做心理测试，用上75分钟的时间来回答你的问题，如果你一边问，一边做记录，还一边点头，一边自言自语："噢，了解了解。"这样做并不能证明你是一个倾听者。真正的倾听者，提问要有恰当的时长，并能适时地重复对方的内容，表示你认真倾听了他所说的话，有时还要对客户的一段话进行小结。让客户长时间听你讲或长时间讨论对方的话题都会让客户厌烦。

说服是销售成功最基本的要素。

"我想到了几个可能的方向……"

说服这个部分要求你能够设定谈话主题，促进并推动客户思考并做出决策。其重要性与询问一样，在销售流程中，两者处于同等地位。

正确使用说服，可以在如下5个方面帮助你。

1. **实力**。客户决定与你合作需要跨越两个障碍。第一个阶段，评估你是否符合他们的要求，能否理解他们的需求。这通常是客户评估是否继续联系的阶段。接着就是第二个阶段，选择供应商。这个阶段包括分析需求，优化解决方案，选择供应商。

这两种情况，客户都需要明确他们需要做什么。他们会问自己："谁更适合我们，谁能够帮助我们解决现在的问题？"如果他们还不了解你的能力，以及你能够解决的问题，那么在这个阶段你就出局了，也就没办法拿下这个订单。

不要想当然地认为买家会阅读你留下的产品介绍手册、服务指南、成功案例，以及你们公司网站上分享的那些信息和研究报告。就算他们看了你留下的资料，也了解了你的能力，他们还是希望能在面对面的会谈中，听你讲出来。所以，如果你不能向客户展现你的实力，并大力推荐自己的方案，你就会丧失签约的机会。

2. **信誉**。通过提问来建立信誉并不是唯一的选择和方法。这时，你可以和客户分享一个过去成功解决问题的故事，描述与眼前客户遇到类似问题的经历，并分享自己的成长故事、学历背景以及取得的一些成绩，这些都可以帮助你赢得客户的信任。

再强调一次，不要假定人们愿意主动了解你，或者已经熟悉了你的过去和你的成就。

3. **宏伟的愿景**。不要低估了客户的智商，尽管有时客户在决策阶段确实显得很无助，那也意味着他们在等待你鼓舞他们，需要给他们描绘一个蓝图，就是与你合作后可以得到的未来愿景。许多客户想听到你的产品或服务是如何落实的，落实后的效果如何，以及带来的积极变化。

那些具备系统性思维的客户在得到宏伟的愿景后，就会在脑海中联想在什么情况下可以用上你的建议。你只要尽可能展示给客户合作后的全景画面，他们总会优先考虑与你合作。

如果不能展示给客户一个美好的未来，或没有更多的细节，那么客户就会产生疑惑，不了解怎么将你的服务结合到他们的现状中，就会迟疑是否与你合作。有些人把这个过程叫作"播放并祈祷"，即把愿景播放出去，然后祈祷，祈望能够得到答复。

4. **议题**。所有商业人士都有自己的议事日程。包括公司的发展方向、部门的现状，甚至自己的职业发展。那些自信的商业领袖总愿意采纳信得过的销售人员给他们的启发和方向。

简单的"我想到了几个可能的方向"往往是最强有力的建议句式。有些人可能会认为你太自以为是了，因为高管们都有自己的认识，如果你推荐的方向与他们所想的不一致，可能就会很危险。

但这么想是错误的！决策者往往更喜欢倾听不同的声音，因为他们愿意接受深入的思考。这并不危险，不要忘了销售这项工作本身就有风险。

客户并不总是需要你告诉他怎么做，有时他们只是需要得到正确的答案，用来证实自己的想法是言之有理的。给客户提供发展方向，你在他们心中的价值就会得到提升。

5. **启发**。决策者总是在寻找全新的理念、有效的方法去解决他们的问题。那些成功的销售精英总是愿意与客户分享他们解决方案的过程，激发客户的热情，触发客户的灵感。当你与客户分享自己的想法、故事，向客户阐明利害关系时，这些都会鼓舞客户，促使客户认同你的解决方案，从而在客户挑选供应商时，你就能处于领先地位。

你的说服过程能够为客户启动一个全新的、硕果累累的旅程，客户自然会与你合作。

"故事"是说服工具箱里最重要的武器

在销售会谈中说得过多或问得过多都不得当,两者要保持平衡,需要做到如下几点:

1. **应该把销售会谈当作正常的业务交流。**在你参加一场业务发展会议时,要先让自己想明白:"如果客户在场,而我正在展示我们的解决方案,并尝试让他们透彻理解如何解决他们的问题,我应该如何引入呢?"

不要多虑,要假设"这又不是新的客户",也许你的话题就会比较自然地引入,也不会讲太多,也就不会表现得以自我为中心。

2. **不要忘记把握说服与询问的度。**我们原先合作过的一家公司有一个女销售人员,她非常精明能干,工作也很努力,可是她对客户却不太在意,交谈时总是处在一个比较轻松的状态。我们发现她在与客户交谈中过多地使用了"喜欢"这个词,什么都是"喜欢"。我们向她指出了这一点,并建议她在脑海中反复强调自己的这个口头禅非常不好,要尽量消减这个词的使用次数。不到一个月的时间,她就改掉了。

说服与询问也是同样如此。如果你脑海中能够时刻牢记,你就会认识到什么时候该说服,什么时候该询问。

3. **询问开放式问题。**如果你的目标是让客户开口说话,那就问开放式问题吧。你将会发现这个方法非常实用,客户会滔滔不绝,你也能从中发现客户的更多需求,从而赢得更多的合约,让客户觉得你是他最佳的合作伙伴。

4. **练习交流。**在 RAIN 模式讲座中,有一个学员曾经说:"我虽然不喜欢角色扮演,但这确实很有帮助。"平时多寻找机会练习沟通和交流,渐渐地,你就能掌握说与听的时间分配比例了。

5. **讲故事。**故事是有力的武器,也是说服工具箱中最重要的道具。

故事能够表现出你对现状的熟悉和了解程度。故事能够将说服比较自然地表现出来，也能够很好地展现你的自信。

故事还可以留给决策者一个好印象，让他认为你具备丰富的情感，并愿意与你一起工作。人们听故事的时候，会在其中找到自己的影子，并把自己想象进去，渴望成功，并避免失败。学会讲故事，你就将激发你的潜在客户渴望成为下一个故事中的主人公。

▶ RAIN Tips

> 当客户试图要解决的问题与你之前碰到过的情景类似，这时你讲自身经历的故事，就更能够打动客户。

6. 寻找教练。很多销售人员都记得在自己的成长道路上曾有这样一个时刻：和销售前辈一起参加会谈，看着他们如何控制话题，引导客户，或看着他们只是提一个小建议，然后订单顿时多了起来，这些经历都能对销售人员的成长起作用。

作为销售新手，你需要找到这样的教练，或者从公司内部的同事中找，或者从外部找。一个恰到好处的点拨也许就能帮你赢得一个大订单，这是常有的事。

高手的独特之处：擅长动态倾听！

在《客户如何购买》的研究报告中，有42%的调查者反映，销售人员根本没有倾听，只顾介绍、推销他们自己的产品。

RAIN模式高手有一个独特之处就是擅长动态倾听。动态倾听能够帮助销售人员建立如下形象：

- ◎ 坦诚相见，建立好感。不会倾听，你的潜在客户就会感觉与你没有任何联系。

- ◎ 理解痛点与渴望。不会倾听，就无法帮助客户认识到问题，也不能创造美好的未来。

- ◎ 所提的问题都能帮助客户实现他们的目标。

- ◎ 给客户提供实际有效的数据和建议，帮助客户解决他们面临的问题。

- ◎ 挖掘客户没有讲出来的需求，并通过倾听，密切关注他们的身体语言。

- ◎ 将发现的潜在需求提出来，以便客户考虑。

常见的技术培训用于帮助销售人员更好地理解复杂的产品和服务，但这往往会阻碍他们成为一个好的倾听者。你对产品了解得越多，就越容易陷入说服过多而询问不足的境地。

5种动态倾听技能

你可以考虑从如下5个方面来扩展自己的动态倾听技能：

1.制订倾听计划。一旦你错失了倾听时机，便再也没有回放的机会了。现场交谈没有回放按钮。所以，在开始销售会谈时，你要经常在心里提醒自己要注意倾听。为了每次都能很自然地倾听客户，你可以事先列出希望听到的内容，在会谈结束后，反问自己，看实现了多少。

2.审视自己所说的话。在播放的模式下，你是无法同时倾听的。当你发现自己讲得太多时，可以停下来，深呼吸一下，并开始倾听。记住，与客户共进午餐，当客户已经吃完而你的盘子中还有许多食物时，就说明你讲得太多了。

3. **复述**。"噢，我明白了。"仅这么简短的五个字，就非常好了。当有人向你描述事情的时候，你可以做出相应的评论，等他们说完后，就可以用上这样的短语了："噢，我明白了。看起来是这个情况与那个情况同时发生了，然后演变出了这样的问题……我的理解对吗？"

如果你能够将10分钟的电话用30秒总结出来，客户对你的印象就会非常深刻，并觉得你很聪明。其实你也没有说多少，关键在于你是一个很好的倾听者。

4. **探求**。当你将客户的话用简短的语句总结出来后再发问就显得非常自然了。根据上面的例子，"噢，我明白了。看起来是这个情况与那个情况同时发生了，然后演变出了这样的问题……我的理解对吗"之后，你还可以继续发问：

- 激发渴望的问题："如果真的是这样的话，在提高了生产力后，你觉得该如何运营呢？"
- 触动痛点的问题："这么多麻烦同时发生，是否会延迟完工时间呢？"
- 冲击力问题："真的吗？那每个月每个人要损失多少个小时的工作时间呢？"

5. **集中注意力**。丹尼尔·科恩（Daniel Cohen）是一位空手道与柔道大师，也是我们遇到过的最敏感的人之一。20米外，他就能够感觉到你，并能够教授你一些技巧。他有时提问，有时给出评价，每过一会儿，他都会强调："集中注意力！"每次喊出来后，效果都很明显。

有时，你并不需要任何建议或技巧来改善什么行为，你只是需要打破现有常规，学习运用新的方式。如果你觉得动态倾听很难掌握（那说明你连听都没有做到），那么就强迫自己不要说话，只是听，并对自己喊叫："集中注意力！"

你问的问题、倾听客户的时间越多，也就有越多的机会找到帮助客户的方法。当你询问后，一定要注意倾听客户说的话。

客户对我们越了解，对我们的能力就会越熟悉，也越能将我们的流程以及解决方案的步骤与他们自己的情况结合起来，同时也会越倾向于与我们合作。你需要确信自己能做到说服、启发、分享和设置议题。

说服与询问能帮助我们深化客户关系，赢得客户的信任。把握好说服与询问的度不仅仅是一种礼节，还是一种高超的销售理念。

中编　中国案例

我在从事销售工作以前是学历史的。我的专业能从事的工作面比较窄，而销售方面的工作机会特别多，门槛也低。因此，我在面试的时候，做了一番自我介绍也就过关了。入职以后，与其他的同事聊天我才知道，有一些人连自我介绍都没做，就被录取了。说实在的，这种工作就算被录取了，员工内心也并不会珍惜。于是，我心想，既来之则安之，在这个职位上尽量多学点本事吧，学到真本事后就不怕找不到更好的工作了。

入职后，我首先学习的就是血糖仪方面的知识。比如工作原理、试纸的使用、读数的解释、测试的规范等。然后公司就把我们这些人分配到市区去了，主要工作就是访问一些药房、医药零售店、卫生保健所。通过访问，让他们能够接受我们的血糖仪，这样如果有人需要定期检查自己的血糖情况，就可以购买这个设备，并自己检验，一方面能免除到医院挂号、排队、等结果之类的烦琐手续；另一方面，患者可以每天检查3次，饭前饭后检查都可以有效地控制自己的糖摄入量，保持健康。

我在第一个月的拜访过程中就发现了，公司给的一些专业知识已经足够了，却没有提供与人沟通的训练。我常常发现，我谈不下来的客户，我的另外一个同事去谈，有时谈的时间比我少，就能够成交。我旁听下来，所谈的专业知识我都知道，我也谈过，可是，真正让客户投入交谈的那些话题我从来就没有学过。

比如，他们交谈武汉地区的天气变化，这个同事总是能随口说出昨天、今天以及明天、后天，甚至一周的天气情况。有关温度、湿度、降水量、风向、风力，他都能够说出来。他不用看手机，不用看任何设备，如同他就是气象播报人员，不过我觉得就算是播报人员，他们都是念的，播出完了肯定也就完了。可是我的这个同事，每天的情况都了如指掌。我事后核对过他与客户交谈时说的天气数据，每次都是准确的。

还有一次，聊到客户的小孩要上小学了，他居然知道小学入学的一些测试题，比如跳跃数数儿、手指加法等。有时，他根本就没有给客户介绍什么血糖仪方面的用法、标准、规范，客户一次就采购了30个。而且，公司有政策要加大销售力度时，这个客户是最积极配合的。

随后，我请这个同事吃饭，并拜他为师。酒足饭饱后，他慢慢地说了一些真相。

其实，做销售这个工作，重要的就是与客户建立融洽的关系。达到这种融洽关系的诀窍就是聊天。人与人认识、交往不就是从交谈开始的吗？有的人只要一开口说几句话，你就对这个人反感，只想赶紧结束聊天。有时候，只要开口说上与他们有关的几句，对方就想与你多聊聊。要做到这一点，要诀就是平时要多留心人们关心的事儿，比如季节变化的时候，人们交谈中常谈到天气，我每天早晨就强记下来，结果几次碰巧说到天气，我一下子就能够说出好多数据，别人对我的印象就深刻了。我也就越发觉得这个招数有用，强记的次数多了，就发现了规律，也就容易记了。再如，每年2月份前后，家里有5到6岁小孩的父母经常聊的话题就是小学入学考试，然后我就多看这个方面的新闻、文章、报道，看多了，也就熟悉了，聊天的时候就能够接上话题，也就容易与客户在话题上产生共鸣。公司教的那些专业知识不是没用，而是还没到派上用场的时候，人家就不愿意与你聊天了，如果你再介绍那些产品，人家就想打发你了。比如就说我们考虑考虑吧，我们要汇报给领导，我们现在还不能决定。这些都是借口，其实就是想说，你多无聊啊，赶紧走人。所以，你听了上面的案例，应该知道从什么方面培养自己了吧。

说实在的，平时我并不经常请人吃饭，不过这次请这个同事真是太值了。我现在已经是公司负责全国市场的总监了，这一切都是来自这顿饭的启发。当然，也有我后来的执行、落实、逐条实践，并进一步摸索积累的功劳。

做销售工作的，其真正的实力是交谈的工夫。学会了这部分的一些理论指导，你才能够悟出本质，也就更加能够体会交谈的重要性。

阅读完这个部分，你有什么感想吗？你的任何启发、思考都可以发给本书的译者，邮箱是 yes4you@gmail.com。

下编　RAIN 模式实践篇

专家导读

请翻阅到上编的开篇，有一个导读，导读的最后一行要求你写上日期，就是你开始阅读这本书的日期。然后在这里写下今天的日期：＿＿＿ 年 ＿ 月 ＿ 日。这时，你应该知道本书你已经读了多少天了。这个天数反映了如下 4 种情况：

1. 不到 30 天。
2. 30 天以上，不到 90 天。
3. 90 天以上，不到 365 天。
4. 365 天以上。

第一种情况，你读得太快了。这个情况说明，你没有把这本书当作指导工作的图书来阅读，而是当作一般文学作品来阅读的。你也许就是一行一行地识字，把每个字都读了一遍，并没有透彻理解一段话与另外一段话之间的关系，也没有理解一个段落与另外一个段落之间的关系，或者不同段落之间的逻辑关系。对工作有指导作用的图书是不能这么阅读的。

第二种情况，要看你中间是否间断过，间断的时间是否超过 7 天。如果间断没有超过 7 天，祝贺你，你的阅读持续性良好。而且，如果你在 3 个月内不间断阅读，就通常能够与自己的工作相结合，也能够掌握跳跃阅读的方法，并具备一定的文章逻辑分析能力。这种阅读方式是把图书的作用发挥到最大化的一种方法。

第三种情况，应该是初次阅读后，你没有将实际工作与图书的内容密切结合，也就放下了，遇到工作中相关的事情，脑海中有一个念头提醒你，想起了这本书，于是重新拿起来阅读。我给你的建议是，中间的间断不要再超过 7 天。

第四种情况，一年过后又拿起这本书，你应该是想起当时阅读后的一些心得，遇到工作中的一点感触，重新翻阅。

无论是以上哪种情况，你将要阅读的这个部分，我建议你采取慢速透彻阅读法，就是降低阅读的速度。这一部分有 9 章，我建议你一章用一周的时间。一定要写阅读笔记，最好就是能够与自己的实际工作结合起来，与平时拜访客户的交谈联系起来思考。通过慢速透彻阅读法，你能够理解得更透彻。

这一部分是本书最关键的实战部分，慢速阅读并结合实际，书中内容才能够变成无价黄金。

孙路弘

第 10 章

"5 个为什么"：
深挖需求，获得订单

大野耐一为什么说"应急处理只是一种暂时的敷衍"？
对于客户出现的问题，你是提供"邦迪贴"，还是询问"为什么"来找到背后的原因，成为彻底解决问题的专家？

要比客户更了解他们本身的喜好，能够真正预见他们想要的东西。

畅销书《拥抱你的客户》作者 杰克·米切尔

在深挖客户需求这一方面，你需要透过现象看本质。而深挖本质的"5个为什么"询问技巧则可以帮你更好地理解客户的需求。

◀ ▶ RAIN Tips

客户投诉是成功的呼声，不要抱怨，不要逃避，深入思考，积极应对。

著名的丰田生产方式创始人大野耐一[①]也是最早的运用"5个为什么"技巧的管理者。对于出现的问题，如果仅仅用"邦迪贴"贴上了事，而不去寻找背后的原因，那么这个问题就得不到永久性的解决。而商业领袖大野耐一就是通过活用"5个为什么"技巧，从而超越了"邦迪贴"这个阶段，将商业提升到了一个新的境界。销售人员运用"5个为什么"技巧可以挖掘到客户需求的本质，并能够优化出最打动客户的方案，继而永久性地解决客户的问题。

①曾任丰田副社长，被日本人称为"生产管理的教父""日本复活之父"。——译者注

越深入挖掘，签约额越高

对于销售人员而言，"5 个为什么"是一项基本功，可用于解决问题并发挥创造性思考。这个过程就好比园丁清除杂草。在商业领域中，对于出现问题不加分析，直接贴上"邦迪贴"了事，就犹如园丁仅仅将杂草拔出来，残留不少根茎在土壤中，没多久杂草就会重新长出来。如果能彻底清除所有杂草的根茎，就降低了杂草重新冒出来的可能性。

案例分享
Rainmaking Conversations

产品线意外停运

◎ 为什么 1

问：产品线为什么会停运？

答：保险丝烧断了。

◎ 为什么 2

问：为什么保险丝会烧断？

答：因为过热。

◎ 为什么 3

问：为什么保险丝会过热？

答：因为轴承部分润滑不足。

◎ 为什么 4

问：为什么轴承部分润滑不足？

答：因为没人上润滑油。

◎ 为什么 5

问：为什么会没人上润滑油？

答：因为没有设立定期保养计划。

◎ 为什么6

问：为什么没有设立定期保养计划？

答：（沉默）……

从上面的例子来看，和"5个为什么"相比，"6个为什么"显然更容易找到问题的根源。"5个为什么"只是一个示范，有时你需要问更多的"为什么"。

询问一旦到了沉默阶段，就说明你已经接近发现问题的根源。要知道，那些企业经理们的时间远远不够处理手头上的事。每次看到问题时，他们往往都是急于应付，先将症状消除了再说。在上面的案例中，厂房经理命令立刻在轴承的地方添加一台风扇，让轴承降温，或直接更换保险丝，这些都可以解决机器过热的问题。可是，采取这样"邦迪贴"的方式只会导致问题反复出现，你不得不一遍又一遍地更换保险丝，这根本不是永久性解决问题的方案。

销售人员也类似，他们往往太急于成交，当发现客户第一个需求的时候就迫不及待了。RAIN模式要求你挖地三尺，建立密切的关系，赢得信任，找到问题的本质，成为彻底解决问题的专家，这样你才能在竞争中保持领先地位，持续不断地获得订单。

在销售情景中，如下是"5个为什么"询问技巧的运用示范：

客户：差价的服务带来了许多客户投诉，我们需要对公司的IT员工进行更多的培训。

销售人员：为什么会有这么多投诉呢？（为什么1）

客户：因为回复的时间太长。

销售人员：为什么回复的时间长呢？（为什么2）

客户：因为员工似乎总在备份中，只能等待。

销售人员：为什么员工总是在做备份工作呢？（为什么3）

客户：因为当客户请求支援的时候，总说这是紧急情况，而实际上并不是，所以真正紧急情况的客户反而被耽误了，从而导致整个售后支援一团糟。

销售人员：为什么不能将真正紧急的情况与不紧急的情况区分开来呢？（为什么4）

客户：因为我们从来没有界定过紧急情况，我们也从来没有针对回复进行过管理和排序，同时也没有足够的人员。

销售人员：为什么没有派员的排序管理系统？这可以区分与处理复杂的情况。（为什么5）

客户：两年前我们觉得不需要。现在公司规模扩大了两倍，有了更多的支援请求。但是没有人与公司提起系统管理的方案，因为这是运营总裁的事。

销售人员：为什么没有人与公司高层面谈呢？（为什么6）

客户：（沉默）……

销售人员：对IT员工的培训是你们现在的需求，如果有人能够与公司高层面谈，增加派员排序管理系统，也许能降低投诉。

客户：与公司高层面谈？

销售人员：对，然后争取得到认可，就可以增加派员排序管理系统了。

客户：有道理。

销售人员：有关派员排序管理系统，我们也有3个备选方案，我现在就可以逐一展示。

许多销售人员会停留在"为什么1"那里。其实对比后面发现的需求，你就可以从根本上解决问题，对IT员工现状帮助更大，效果更佳。

如果只是简单培训，其实并不能从根本上解决问题，只会导致员工新一轮流失，投诉也会相应地增加。有些销售人员停留在"为什么2"得出的结论——公司应该聘用更多的IT技术人员。这样一来，公司财务部门就会投诉招聘成本提高太快，导致公司队伍庞大。

你在挖掘需求的"5个为什么"时停留得越早，得到的结论就会越肤浅、越浮于表面，也就没有找出问题的根源。只有不断深入地挖掘，才能显示出卓越销售人员的价值，从而超越一般的供应商，彻底解决问题，成为值得客户信任的人。只有值得信任的销售人员，才能拿到更多的订单，签约额也高。

案例分享
Rainmaking Conversations

现实中的"5个为什么"

这个故事是由一个在一家大型培训顾问公司工作的朋友提供的。那是一堂两天995美金的培训课，她已经决定要填写支票。我问："我非常乐意您能报名。不过我好奇地问一下，通过这个课程，您觉得能够学到什么呢？"（为什么你要报这个课程？——为什么1）

她回答道："我要学习如何为公司建立一个领导力竞争模型。"

"有关建立领导力竞争模型，您能更详细地介绍一下吗？"（为什么你们要建立领导力竞争模型呢？——为什么2）

"我拿到一个项目，要为联合国的所有秘书提供领导力模型。"

"很好啊！你期望项目能够为这些秘书们带来什么结果呢？"（为什么要推动这个项目呢？——为什么3）

"我要推动安南要求的改变，而领导风格方面的模型能够帮助我们落实这些改变……为联合国全球的领袖们提供有领导力的秘书。"

"我认为我们这两天的课程非常适合您，不过我们还不能保证两天后您就可以得到什么模型，尤其是与你的项目有密切关系的。所以，我决定邀请您免费参加我们的培训，不过我同样希望您能与我们公司的竞争力模型发展部的人谈谈。"

这位朋友对我们说："知道吗，那是我第一单顾问咨询的合约。那一年是1998年，如今，我同联合国合作已经13年了。"

——丹·科恩（Dan Cohen），林凯奇集团区域总监

针对根本原因提供解决方案

在销售沟通中使用"5个为什么"技巧的时候，要牢记下面总结的7条解决方案。

1. **事先征求意见再开始**。不征求意见就开始是许多销售人员容易犯的错误。当你试图扩大新领域、探求新需求的时候，要事先征求客户的认同。这样客户才会配合你回答你的"为什么"，也让客户体会到你的诚意，而不是觉得你又在推销其他更贵的东西。

2. **引入新的团队**。如果能够引入新的团队顾问就更好，这样更容易挖掘到本质的原因。如果谈论到"我们需要新的服务器"，你就需要有懂服务器的技术人员在场（客户一方的或者我方的），从而就可以探求出到底是什么原因导致公司需要一台新的服务器。没有专家在场则无异于盲人摸象，最后也只能得出似是而非的结论。

3. **严密运用逻辑**。不要假想一些靠不住的因果结论。如同几何论证

一样，一个地方出了错，整个结论就都站不住脚了。有一个营销高手曾对我说直邮的方式无效，所以他再也不做直邮了。我对他说，我曾经将面包放到烤箱中，可就是不膨胀。我得出的结论是，面包在烤箱中不会膨胀。直到后来我看到有人用烤箱真的让面包膨胀起来了，而且用的还是同一款烤箱，我才信服。由此可见，直邮是需要学习的技巧，不是什么人都会。

4. 给客户尝试回答"为什么"的机会。你也许能够发现一些原因，不过在客户回答前还不是绝对有把握，牢记不要缩短询问的过程。用5分钟回答"5个为什么"并不能确保得到根本原因。

5. 坚持问下去，直到得知客户真正的需求。如果第一个"为什么"就得到好几个可能性，就要着手规划问更多的"为什么"了。本质问题不止一个也是常见的事。这时，你每次只需集中精力追问1条线索。

6. 确定核实那个重要的"为什么"。在得到各种可能对"为什么"的回答后，你可能会发现几个更加重要的原因，那么这时，你就不要进一步追问不重要的，而是应集中讨论你觉得重要的根本原因。

7. 要充分认识到可能需要较多的时间来挖掘本质。有一些情况，需要询问更多的"为什么"才能找到根本原因，比如：

  客户：我们需要修改薪酬体系。

  销售人员：为什么你们需要修改薪酬体系呢？（为什么1）

  客户：人员流失率太高了。

  销售人员：为什么会有这么高的流失率呢？（为什么2）

  客户：员工对他们的工作不满意。

  销售人员：何种迹象表明他们不满意呢？（为什么3）

  客户：那是他们在辞职的时候说的。

销售人员：他们提到不满意的具体细节了吗？为什么他们不满意呢？（为什么4）

客户：（沉默）……

在尝试解决流失率太高的问题时，要进一步挖掘其原因，这不是简单的头脑风暴，而是逻辑线索。在流失率高的议题上，有一些人认为是工资太低，这样就需要修改薪酬体系。也有人认为是招聘不合格，还有人认为是工作太沉闷了。这时你就会发现，薪酬低不过是多种原因之一。

深入思考和销售人员交谈的内容，就能够自动养成分析和追问为什么的习惯。所有公司在派出销售人员的时候，都应该做过类似的思考，从而提供系列的解决方案，并致力于彻底解决客户的本质问题。从以上的例子中，我们应该能够找到真正导致员工不满的原因。

一旦掌握了"5个为什么"询问技巧，你就能成为值得信任的顾问，展示出解决问题的本领，建立信誉，与对手的差异也将显现出来。熟悉以上套路的销售人员，个个都是解决销售问题的行家里手。

采用"5个为什么"的套路，你可以挖掘到客户的真正需求，并由此来优化方案。只有针对根本原因提供解决方案（尤其是当你的对手还停留在贴上"邦迪贴"就了事的阶段），你才能脱颖而出。

RAINMAKING CONVERSATIONS
Influence, Persuade, and Sell in Any Situation

第 11 章

左右客户决策，还应主导其采购流程

当客户说"对现状挺满意"，你该如何说服他？

为什么喋喋不休的劝服，不如冷处理主动喊停得到的回访机会大？

> 客户购买的并非产品或服务,而是产品或服务给他们带来的好处!销售员需要强调产品或服务的利益和价值!
>
> 畅销书《绝对成交销售加速手册》作者戴维·库克

作为销售人员,一切都要靠自己来创造收益,帮助客户下决心,满足他们的需求,让他们满意……当然,其结果是要签约。

通过销售会谈,我们展示了 RAIN 模式框架,这个框架能帮助你学习如何像一个 RAIN 模式高手那样拿下订单。在这一章,我们将讲一讲这些框架的核心要诀。

强制控制:你在创造抵触氛围!

在我们开始之前,你要明白,如果你从来就不想具备影响力,那么影响力也不会主动来敲门。如果你想成为 RAIN 模式高手或影响力大师,那么你就要集中注意力,将自己的期望转变为现实。然而,这么简单的两件事,许多人却都做不好。有一个销售人员说:"客户知道自己要什么,怎么会受我的影响而改变主意呢。我的工作内容就是成功地促使他们下决定购买东西,并不是影响他们做决策。"

可想而知，这个销售人员肯定没签过多少订单。

如果你对客户将要做出的决策不满意，请记住，你是一个影响者。你要左右客户最终做出对你有利的决策，并且还要能主导他们的采购流程。

注意上面的用词，是主导，而不是强迫，这是一种潜在的影响：通过提问将谈话的议题引至你所设想的方向，通过分享意见来设置讨论的内容，通过不断总结来突出合作对客户带来的积极冲击力，在拟定方案时参考客户的想法，并提出具体的行动建议。如果你试着强行控制，那么你创造的是抵触氛围而不是伙伴关系。

16 条影响力原理：RAIN 模式高手致胜要诀

强迫不能维持长久的关系，如下的 16 条要诀都不是强迫，而是高超的技巧，帮助你塑造销售影响力。

原理 1：注意力

如同司机以 80 公里的时速行驶在路上，注意力必须高度集中，这时，如果你想要横穿马路，那就只能庆幸他能够看到你挥舞的旗子并及时刹车，或马上换道。就是说，你需要引起他的注意，在后面有关完善价值定位的章节中，我们还将给出 AIDA 框架模型，这个模型的第一个 A 代表的就是注意力(Attention)。因此，你必须集中注意力。在上面的例子中，如果你无法引起司机的注意力，他就会继续以 80 公里的时速行驶，从而将你撞倒。

什么是注意力：把他们的关注焦点从别的事情转移到你的事情上来。

为什么有效：注意力是你继续交谈下去的筹码。如果你不在谈判桌旁，你的影响力也就消失了。

RAIN 模式高手这样做：

◎ 寻找潜在客户以及筹备销售会谈时，都要强化自己的记忆力。
◎ 突出差异化。
◎ 运用市场营销的一些手段来获得关注，比如：发表演讲、寄送贺卡、举办座谈会、出版图书、发表文章、更新博客、优化搜索结果等。
◎ 打造强有力的品牌。
◎ 参加交际活动，塑造自己的人际交往能力。

致胜要诀：抓住忙碌的潜在客户的注意力。

原理 2：好奇心

一旦获得了某个客户的关注，最容易做的事情就是把它丢掉。

因此，你的下一步目标就是激发客户的好奇心。好奇心是强大的，客户知道他们有什么，但其实更想知道他们没有什么。谈话时，你要让客户感觉自己可能错过了什么，这样他们自然就想知道更多。

在这个阶段，你一定要克制自己，不要全盘拿出自己的解决方案，毕竟现在还不是尝试签约的时候，你尚处在引起对方好奇心、建立初期关系的阶段。

当客户的注意力成功被吸引到你这里后，一旦发现没什么新鲜的事儿，这些注意力就会消失。这时，你就要将这些刚转移过来的注意力引导到全新的信息上。如果你想保持客户的注意力，关键就在于激发他的好奇心。强烈的好奇心可以让客户减速，甚至停下车来看看到底错过了什么。

什么是好奇心：在引起客户的注意力后，填充更多信息以让他们持续关注。

为什么有效：由于客户想知道自己错失了什么，想知道还有什么是他们不知道的。所以一旦激发了他们的好奇心，他们就希望得到答案。

RAIN 模式高手这样做：

- 努力从谈话的内容中提取出客户关心的价值，而不是一味讲解你能够提供的价值。
- 给他们指出价值的差距，并让他们知道你能帮他们缩小差距。
- 突出差异化。
- 展示更多的可能性（比如，提高生产效率、增加市场份额）。
- 激发客户对答案的渴求。

致胜要诀：激发出好奇心来保持注意力。

原理 3：需求

需求就是现实的状况与期望的未来之间的差距。

这表明客户解决问题与创造未来的两种状态交织在一起时影响客户做出的行动。你能鼓动客户产生越多改变现状的想法，就越能够影响对方。

> ▶ **RAIN Tips**
>
> 有时，客户说："我们对现状挺满意的。"他们可能是真的挺满意，这是因为他们并不知道未来会是什么样子。如果你能够展现出一个更美好的未来，并让他们看到通向未来的道路，也许他们就会意识到现状并不是那么令人满意了。

在商业领域，现状与未来通常都是用投资回报来权衡的。一旦客户开始思考花钱能够得到什么，价值就会开始冲击他们的情感。

什么是需求：现实的状况与期望的未来之间的差距。

为什么有效：需求能够诱发客户对现状的不满。不满是促成签约的推动力。

RAIN 模式高手这样做：

◎ 揭示明确的需求——客户已经意识到的需求。

◎ 揭示潜在的需求——隐藏在表面之下的需求。

◎ 用成功案例、实践证明、白皮书、研究报告、幻灯片、实际示范等方法来分享体会和经验。

◎ 用全新现实打开买家的视野。

致胜要诀：帮助潜在客户看到美好未来的可能性，激发客户隐藏在表面之下的需求。

原理4：嫉妒

需求是强大的，而嫉妒就是推动需求的加速器。

如果潜在客户想要的东西还没有拥有，需求就会驱动他采取行动。如果他所要的东西被别人占了，他誓死都要得到。拥有的感觉与目前现状进行对比，产生的落差越大，他就会越快采取行动！

你完全可以对一个拥有1 000万资本的总裁指出，他本来可以拥有2 000万，而你正掌握着弥补这个差异的思路和方案。你还可以继续向他讲明落实的过程和细节，以及真正实现2 000万资本的感觉。你完全可以向他展示，其他人都是如何做到的。

如果他对 1 000 万已经很满意了，他就会接受自己的现状。然而一旦看到 2 000 万的可能，几乎所有人都会立刻采取行动去弥补之间的差距。

什么是嫉妒：因其他人都有而产生的需求。

为什么有效：看到别人拥有自己渴望的东西时，任何人都会想：我也应该拥有。或者，为什么我没有。这些想法能够进一步刺激需求。

RAIN 模式高手这样做：先跟客户讲解并展示类似情况下其他客户的做法，以及你是如何发挥作用帮助他们实现目标并提升职位的。此时，听的人就会从内心设想，我也能成为那样的人。

致胜要诀：羡慕引发了需求。

原理 5：情感旅程

威廉·华兹华斯在《抒情歌谣集》的序言中写道："诗歌是强烈情感的自然流露。它起源于在平静中回忆起来的情感。"意思就是说，诗人的工作就是在读者的脑海中唤醒原有的感觉。当你坐下来品味诗歌的时候，诗歌就实现了诗人的目的，你也就能够感受到那种情感。诗歌能够牵引着读者体味一段情感旅程。

故事尤其能将听故事的人带入故事中的情感世界。担忧、害怕、恼怒、喜欢、接受、成功、预感、确认、悔恨、胜利、自由……这些都是精彩的故事激发出来的情感。人们不仅能从故事中体味情感，同时也能在脑海中形成图像。一旦触动了具有冲击力的情感，这些图像就留存很久。

当销售人员讲故事时，客户就可以体验一段奇妙的情感旅程。由此，客户将不仅知道自己想要什么，还能感觉并看到自己的需求，这种感觉将推动他们采取行动去实现。

什么是情感旅程：细节构成的情节变成图像并触动感觉。

为什么有效：客户会忘记情节，牢记感觉。

RAIN 模式高手这样做：

◎ 建立强有力的联结与关系。
◎ 在 RAIN 模式的所有阶段都融入情感。
◎ 通过社会认同（Social Proof）、信仰和嫉妒来激发需求。
◎ 讲一个精彩故事来塑造你的形象。

致胜要诀：带着你的客户进入一段情感之旅。

原理 6：信仰

当客户头脑中出现如下任何一种想法的时候，设想一下你将做出何种反应，以实现影响他们的目的：

◎ 你说的不会实现。
◎ 就算你的解决方案有效，但在其他方面却可能会产生负面影响。
◎ 可能会有效吧。
◎ 应该会有效。
◎ 一定有效。
◎ 这简直是荒唐，绝对不会起任何作用的。

你将尽最大可能去影响潜在客户：

◎ 相信他们的情况会变化——变好的可能性是可以实现的。
◎ 相信他们能做一些事情——他们不会觉得自己被摆布。
◎ 相信一切都在变化之中——需要你继续激发他们的信心。

RAIN 模式中的信任以及概念实体化都非常接近信仰。信仰就是一个人发自内心地相信发生的事情会对他们有好处。信任消除了疑虑，并能增加信心。

什么是信仰：对人的信心，对流程的信任，对公司的信赖以及对产品和服务的信服。

为什么有效：人们倾向于回避风险。他们越信任，能觉察出的风险就越小，行动的可能性就越大。

RAIN 模式高手这样做：

- 行为始终如一（比如承诺过的事情一定要兑现，这样客户才会信赖你）。
- 善用品牌影响力、卓越的历史以及辉煌的过去。
- 不断展示。
- 社会认同——案例研讨、客户说法、媒体推荐。

致胜要诀：增强信赖感，消除风险，激发行动。

原理 7：验证

客户在购买时是感性的，评价时却是理性的。就算你赢得了客户的心，如果不能落实到真正的投资回报，对签约也是无济于事。要知道，投资回报与情感紧密相连，见表 11.1。

客户能够认真听你讲解的一个原因就是投资回报。只有看到投资回报，客户才会同意见你，并愿意和你一起探讨，或要求你提交方案书，然后签约。客户最后签约的原因可能是因为最喜欢你，也可能因为想要过一个轻松的周末而不用担心他们需要担心的问题，或者他们的工作将更为顺利。也许他们决定购买只是因为他们相信这是一个正确的决定。这些都是情感方面的需求,却都需要用一个理性的案例来验证。

表 11.1 与投资回报相对应的情感

投资回报	情　感
收入要加倍……	……这样才会开心
利润将提升 3%……	……将被提升为副总裁,这样就不用担心不被认可,妻子、儿子也会为我骄傲
资产增值,有足够的财富退休	……以后的生活有保障
不仅能节约费用,而且也不用聘用全职 IT 总监了……	……不用担心大家的抱怨了,4 个月都找不到合适人选的烦恼日子都过去了

什么叫验证:理性分析才是支持他们决定签约的合理理由。

为什么有效:对投资回报的信念 → 情感需求 → 购买欲望 → 理性验证需求。

RAIN 模式高手这样做:

◎ 在所有销售环节中融入投资回报的内容。

◎ 将投资回报与情感需求联系起来。

◎ 用 3 大价值基础(共鸣、差异化、证实)展现冲击力,并寻求客户对新现实的认同。

致胜要诀:客户需要验证他们的感觉是否正确,即使目前情感因素占主导地位,仅仅"因为我想买它",这并不一定代表是一个好的决定。在复杂的销售中,没有验证就没有签约。

原理 8：信任

在《夺宝奇兵》这部影片的结尾，主人公面对一个不可能完成的任务：要么从空中走过峡谷，要么跌入峡谷死无葬身之地。他试探地迈了一步，震惊的是，他既没有跌入峡谷，也没有死亡。

他选择了相信，因而没有跌入峡谷。信任与信仰非常接近。信仰是对一种事物的信念，而信任则是对你个人的一种信念。如果你曾经因为非常信任一个产品而不计较销售人员的动机不纯，依旧坚定地购买你要的产品，你就明白信仰和信任的区别了。

当客户选择与你合作，几乎都要从以下四个方面考察：

- 能力：你是否真的清楚你自己讲的所有事情，你确定能够帮得上忙吗？他们需要相信你有能力让你所说的事情最终实现。
- 可靠：你说的事情会具体落实到位吗？他们需要信赖你，以便能够指望你兑现自己的承诺。
- 风险：安全吗？你是否靠得住？他们试图降低失败的风险。
- 自我利益：如果这符合你的利益，你会利用他们吗？他们需要信任你不会利用他们，占他们的便宜。

什么是信任：信仰是相信事情能够实现。信任是对你个人的相信。
为什么有效：信任是销售的基石，没有信任，就没有签约。
RAIN 模式高手这样做：

- 追求双赢（RAIN 模式原则 1）。
- 在诚信问题上绝不让步。
- 将动机透明化，明人不做暗事。

◎ 充分落实在销售环节中承诺的事。

◎ 有策略地提供能够验证的信息。

致胜要诀：信任是 RAIN 模式成功的基石。

> ▶ **RAIN Tips**
>
> 信任 = 让客户喜欢你（浅度信任）+ 让客户相信你（中度信任）+ 让客户离不开你（深度信任）+ 销售双方谁都离不开谁（终极信任）。

原理 9：垫脚石

人们一旦走上了一条道，通常都会一直走下去。约到一个人参与第一次会谈具有一定的挑战性。你往往要约许多人，才得到几个人的回复。和这几个人有了第一次的会谈，第二次约见就容易多了。如果客户阅读了说明书，或观看了网络视频，就更容易启动第一次会谈。如果客户第一次就购买了，哪怕所获得的价值很小，也很容易会再次购买。

人们越熟悉某件产品，就越容易喜欢并相信它，甚至愿意投资到他们所熟悉的事物上。所以，你可以先与人熟悉，从小事情开始，习惯了再做大事情。

什么是垫脚石：如果能够通过互动，先邀请客户开始交谈，将来也就更加容易再约见。

为什么有效：人们是被一致性驱动的。邀请他们做过一次的事情，第二次就容易再做，也容易扩大到更广泛的层次以及更大的规模。

RAIN 模式高手这样做：

◎ 多米诺策略：赠送一些能够诱发好奇心、满足好奇心的样品，之后再进一步激发好奇心。比如，邀请客户参加讲座，讲座上讲解4个取得突破的关键主题，此时，所有听众都会想：我们如何开始呢？在讲座的结尾，你可以再介绍一个测试帮助他们找到起步的点。这样，就会激发他们更大的好奇心。

◎ 层级策略：在销售过程中，你先给客户一个承诺，并兑现，为客户提供了服务，然后再提供附加的投资回报模型。也就是说，在交往过程中，你可以先开始一个小合作，随着关系的深入，信任的建立，客户渐渐认同了你，你就可以交叉销售、扩大签约额了，进而这个客户也就成了稳固的客户。

致胜要诀：买家在信赖上前进，设计垫脚石就要加快进程。

▶ RAIN Tips

运用多米诺策略时可以赠送的项目：网络视频讲座、白皮书、订阅的电子期刊、会员计划、图书、讲座、工作午餐。

原理10：自主权

如果客户对决策、行动和结果没有自主权，作为销售人员，你影响他的能力就有限了。

设想你现在要说服某个人采取一些行动，但他还有疑心，他说："好吧，那就开始吧，如果你觉得这些行动有效，就尝试一下。"此时，可能会发生如下事情：

◎ 客户自己并不积极参与行动，成功失败都无所谓，认为以后也不会再同你合作了。

- 他们会与真正的决策者协商，然后就失去了进一步的消息。
- 最初几天还能够配合，但过一段时间后，就借口忙于其他而再没时间搭理你。

想要客户积极参与，你就必须要让他们对自己的决策负责。只有他们自己分析合作后的益处，才会被紧迫感驱动而签约，他们自己有需求，才能推动与你的进一步合作。

对销售团队的成员也是一样，如果你强迫他们每天都出去拜访客户，那么就算他们每天都出去，也不会有任何积极的效果。因为没有承诺。只要你不看着他们，转身就不知道他们在干什么其他的事了，所以要想办法提高他们参与的积极性和自主权。

客户购买也是同样的道理，如果客户自己没有需要改变的动力，也不相信改变，更不愿付出努力来改变，我们最终就会产生惰性，回到原来的状态。

什么是拥有感：只有责任才可以推动变革。

为什么有效：拥有自主权才会对投资负责，并享受结果带来的益处。拥有的责任感越强烈，就越能够奋力拼搏而取得成功。当有利的结果出来后，也就越能得到认同和赞扬。

RAIN 模式高手这样做：

- 启发、揭示、激发所有可能的需求去改变。
- 揭示痛苦，激发感触，强化冲击力。
- 找到冲击客户的需求及客户意愿的细节去积极改变。
- 在完善方案的过程中邀请客户参与。
- 与客户维持一种同事关系，运用影响力原理：无差别对待。

致胜要诀：当客户没有自主权、对行动也没有责任时，双方也就没有会谈的机会，合同也就没影了。

原理 11：参与感

当你着手创造新事物的时候，你会为了成功而乐于投入极大的热情。

如果没有参与感，人们就会失去兴趣，这并不是你想要的。想要满足自己的需求，就要具备拥有感和信仰。你需要客户个人和情感上的参与和投入。如果人们更愿意参与行动和谈论，他们就具备了拥有感。想想看，你能够让听的人有同感或相信你吗？或者，你能够帮助他们看到和你同样的画面吗？

销售过程中总是需要情感的投入。所以销售人员必须保证客户在购买前就参与，并一起商讨解决方案，大家随时保持联系，只有这样，你与客户的关系才能维持得长久一些。总缺席就等于没用心参与，参与感至关重要。

什么是参与感：在销售过程中争取与客户成为伙伴。

为什么有效：当人们感觉自己正在参与的时候，他们就会贡献、倾听，从而也会影响自己，参与了过程，就会期待看到落实后的变化。

RAIN 模式高手这样做：

- 平衡说服与询问，邀请客户参与到所有的讨论中来。
- 征求客户的意见。完善解决方案时邀请客户参与进来。
- 要让客户承担采购流程中属于他们的那部分责任。
- 在各阶段销售流程中，邀请客户在重要会议中发言。
- 运用垫脚石：邀请客户参与项目、阅读公司的宣传册、观看展会及网络视频；签约前就提供各种互动的机会。

致胜要诀：在销售中要提高客户的参与度与责任感，将客户在流程中的贡献以清单的形式罗列出来。

原理 12：寻求接纳

人们总说自己不会轻易受到别人的影响。但事实上，每一个人都会受到他人的影响。当你说 25% 的 500 强公司使用了我们的技术，或者 400 家公司都因为采用了这个方法而取得了成功，或者提到另外一个决策者的果断决定（比如参加一个培训，使用新的终端设备，采纳全新的管理方法），他们更倾向于采取同样的措施。

人们都不喜欢被落下，更希望参与其中。

这就是为什么案例示范、成功客户的证词、推荐和重要的成交客户清单都能在销售过程中发挥重要作用的原因。寻求社会认同是最有力的人际交往原理，它能刺激人们的接纳欲望，是建立信任的关键组成部分。

这就能够解释为什么商业广告要一遍一遍不停地播放成功客户的证词。有些人对此原理还存有质疑，会想：一条证词不就够了吗？这么想可就错了，证词起到的作用是日积月累、层层深入的。你越多地运用社会认同原理，激起客户被接纳的渴望就越强烈。客户心里会想：哎哟，这么多成功的例子。这么多人都认可了，肯定不会错的。如果他们能够成功，我也一定可以。

如果你参加过促销展，就应该知道销售人员在台上说得热血沸腾时，总有人当众立刻购买所宣传的产品，购买者还不止一两个。

当然，这些人是真心购买还是托儿，我们很难判断。但至少这样的精心安排是有一定原因的。

什么是寻求接纳：人们希望从众。

为什么有效：追随大众让人有安全感。如果没有参与，人们就觉得被孤立了。当人们跟随众人做事时，能让他们感觉自己也是团队、组织或认识的朋友中的一部分。如果大众正在做的事情你还没有开展，就容易引发你的嫉妒和好奇心，进而就开始从众了。

RAIN 模式高手这样做：采用各种形式运用社会认同原理。

致胜要诀：激发客户希望被接纳的渴望。

原理 13：短缺

◎ 现在就要买，因为只剩下 3 个了。

◎ 截至 10 月 17 日，之后你就不能签约了，因为我们再也不会对外开放了。

◎ 时隔127年，来自美国原产的2 000个金币首次现身，极其罕见……

短缺是一种说服策略，运用这种技巧的地方最多，次数也是最多的。人们对罕见、极难得到的东西总是估值很高。运用短缺这一策略的关键在于要与客户建立信任关系。

否则，如运用得不恰当，就会让人感觉不诚恳，被当作雕虫小技，也就失效了。所以，如果你希望在市场中长久经营，争取回头客，维护声誉，就不要在运用短缺这一策略时遗失信任。

短缺有两个杀手锏：时间的紧迫和产品的稀少。如果产品稀少，人们则希望拥有更多。如果产品就要过期了，人们也会快速采取行动。

什么是短缺：人们对罕见的东西估值高，不想错过稍纵即逝的机会。

为什么有效：也许背后还有更深层次的复杂原因，但物以稀为贵，人们就是不想错过稍纵即逝的机会。

RAIN 模式高手这样做：

147

- ◎ 突出强调差异化。
- ◎ 强调如不立刻行动就将错失机会。
- ◎ 强调短缺能缩短决策时间。在其他所有因素如情感旅程、验证、自主权和寻求接纳都具备的情况下，短缺就能发挥超级作用。如果客户决定购买但随后又没有行动，那你就要给客户传达出短缺的信息。当客户准备不购买时，你就可以将截止时间提前，因为随着时间的拖延，客户不购买的可能性越大。缩短时间后，人们就会感受到如果继续拖延，就会丧失机会。
- ◎ 可以在销售产品时注明限量、限时的信息，不要让产品一直都在架上销售。

致胜要诀：人们被罕见所吸引，不想错过稍纵即逝的机会。

原理 14：喜好

你需要通过透彻思考来理解喜好这个能够加强影响力的武器。记住，尽管你理应讨人喜欢，但在销售过程中，却不能让讨人喜欢的需求遮住了成功销售的需求。如若不然，你寻求被认可的需求就会对成交产生消极的影响。

什么是喜好：与人建立密切联系的基础。

为什么有效：喜好在所有场合都能提高交谈的热度。毕竟，人们更愿意听喜欢的人讲话，从喜欢的人那里购物，更愿意同喜欢的人合作，并更希望自己喜欢的人取得成功。

RAIN 模式高手这样做：RAIN 模式高手并不运用讨人喜欢的原理，而是成为讨人喜欢的人。深入研读"寒暄"这一章，你就能理解讨人喜欢有多重要。

致胜要诀：人们对于自己喜欢的产品总是更关注，也更有可能会购买。

原理 15：冷处理

你越试图说服别人，遭到抵触的可能性就越大，人们就越能看出你想推销，越和你保持距离，并小瞧你的产品和服务，质疑你说的一切。

冷处理不是态度生硬，置之不理，或终止流程。你当然可以对自己的产品、服务和你的公司充满热情，如果你坚信客户与你合作会得到利益，你完全可以智慧又充满热情地表达这些。

但这两者之间有着微妙的平衡，就是你不能让客户知道你有多么迫切地想要成交。急于成交不是明智的影响力策略。

因为不能急于求成，所以冷处理的方法就变得比较适用。冷处理意味着不签约也可以，眼前的机会消失了就消失了，坦然接受现实。如果感觉客户已经没兴趣了，那就开口核实一下。

不要紧，有时你只要开口询问，如果发现他真的是没兴趣，放弃这个客户也是节省自己的时间。

什么是冷处理：对销售结果保持超然的态度。

为什么有效：冷处理无论是对销售人员还是对客户都有好处。

◎ 当你运用冷处理这一技巧时，就不要格外恳求客户喜欢你或者违心认可你的价值，这样就不会陷入许多销售人员的失误：求订单。你要将注意力集中在你能提供的商业价值上。

◎ 当客户感受到他正在被冷处理时，他们就没有了必须要决定的压力。是否继续谈下去就转变为他们自己决定的事情了，从而就有了自主权。冷处理也能让客户感到你已经冷静地将价值都阐明了，并没有施压让他签约。此外，冷处理还能够让你与客户建立真正平等的关系，而不是一方有所求或实施压迫，只有这样，真正的需求才有机会发挥作用。

RAIN 模式高手这样做：

◎ 不急于恳求客户，寻求共同认可的需求。

◎ 不急于让客户接受，顺其自然。

◎ 不超越需求界限，集中讨论产品对客户的价值，不表现出想要成交的欲望。（参考 RAIN 模式原则 4）

◎ 拿捏好冷处理的度。

致胜要诀：随时做好离开会谈的准备，在需要的情景下运用自如。

延伸阅读
Rainmaking Conversations

冷处理的方式——主动告辞

主动告辞是冷处理的策略之一，运用如下：

沟通的早期

我已经介绍了有一会儿了，但我不确定我介绍的方案是否有地方吸引了您，您对我的方案是否感兴趣？如果在预算以及财务控制方面您没有任何需求，也觉得没有什么需要改善的地方，那我们就先到此吧。（暂停）

如果客户依然没有回复

你可以发邮件,也可以留言说:"莎拉,我是吉姆,抱歉前几个月很忙,没能联系你,可能你现在已经感受到收益与损失控制的意义了,我们的方案有助于提升整体收益,不过由于上次没有全面深入展开,我们还没有机会详细谈,如果你还有兴趣,我们可以再约个时间谈谈。如果你没有回复,那我就不多打扰了。不过还有其他新方案也许值得再看看,我就等你电话了。"

原理 16:承诺

人们公开承诺的事情,通常都会遵守并落实。因此,如果你得到了客户肯定的答复,承诺这一原理就是要争取客户在其他人面前再说出来,或将答应的事情写下来,总之要将客户承诺的过程公开化(比如电子邮件,或媒体公开),这样他们就一定会遵守与你合作的承诺了。

书面公开的承诺比口头承诺或私下许诺有着更强的效力。在销售的过程中,客户私下承诺但几周后就抛到脑后的事情屡见不鲜。而书面承诺或公开表示要合作后结果有反悔的事情却是非常罕见的。

什么是承诺:得到口头承诺、书面承诺,再进一步争取公开化。

为什么有效:人们需要被信任。如果给出了承诺,人们就会期待看到行动来落实。公开承诺和书面承诺能够形成社会压力,因此他们需要兑现承诺来证明他们言行一致,是值得信任的。

RAIN 模式高手这样做:

- 在正确的时间争取得到客户的承诺。
- 然后尽量将承诺书面化。
- 尽量公开整个承诺的过程。

致胜要诀：获得承诺并要求以书面形式呈现出来，再进一步努力公示。本章介绍的16个影响力原理有一个大前提，即你试图影响的人是合适的对象。如果你影响了一个没有决策权力的人，那么即使影响成功，也是拿不到订单的。

不要轻视自己，觉得自己没有影响力。你应该思考的是如何运用这些影响力原理，然后逐步落实，并运用到实际销售中。只有这样，你的力量才能充分发挥出来。

RAINMAKING CONVERSATIONS
Influence, Persuade, and Sell in Any Situation

第 12 章

这 8 个对话阶段，全面掌控客户会谈

在什么阶段，商务邀请函会比方案策划书更能推动销售进展？
与客户商定时间时，为什么不能回答"到时候再说"？
虽然你已经与客户就他们的需求进行了探讨，客户也认同了，但为什么你还需要继续了解他们的 FAINT？

> 销售终端是离消费者身体最近的地方，售后服务是离消费者心灵最近的地方。
>
> 现代营销学之父菲利普·科特勒

销售会谈是在大量非常流行的模式基础上建立起来的，用于满足同样的情景，无论你销售的是什么产品或服务，都是一样的套路。直到现在，我们已经解读了几个重要的概念，在本章中，我们将结合一些案例提供建议，协助你在不同 RAIN 模式阶段都能取得成功。

不要过早地讲出解决方案

当你在阅读建议和案例的时候，要懂得活学活用。每个人都有自己的说话方式和表达习惯，案例只能给你提供一种思路或一个方向，在实际的销售会谈中，你还需要找到适合自己的方法。

在与客户交谈时，应注意如下几点：

第一，迅速切入生意。要表现出对客户公司和文化的尊重，最大的危险就是浪费一位繁忙经理人的时间。第二，不要过早地讲出解决方案。在你提供对策或说出你的能力范围之前，开发客户需求才是至关重要的。

第三，注重提问。不要过于担心在会谈初级阶段不能表现得很流畅、很优雅。

与客户交谈的过程中，表 12.1 中的 8 个对话阶段并不一定是按照先后顺序发生的，经常会出现前一个阶段延后或后一个阶段提前的情况。无论在沟通中出现什么情况，请记住 RAIN 模式原则 4：先买后卖，这可以帮助你在接触客户的过程中起到良好的作用。

表 12.1　销售阶段与客户的采购进程

销售阶段	客户的采购进程
1. 寒暄	本能反应：我喜欢这个人吗？
2. 启动会谈 会谈的目的与结果 会谈的价值定位，公司的核心价值优势 开场白介绍 会谈中的询问环节	这个人： 有准备吗？ 有组织吗？ 有竞争力吗？ 愿意倾听吗？
3a. 发掘需求——兴趣与要求 公司概况 问题的背景 寻找之前方案失败的原因 全新线索 典型冲击力 3b. 发掘需求——痛点与渴望 客户需求档案——痛点与渴望 总结与确认	这个人： 理解我的需求吗？ 理解我的处境吗？ 讲的内容靠谱吗？ 是否与众不同、观点独到、方案独特、能力突出？ 是否要坦诚地说出我目前的真实处境，揭示我的痛点与渴望？
4. 冲击力分析 就客户近期的痛点与渴望提出细节问题 常见冲击力要点提炼——采用冲击力模型 在冲击力范围内达成共识	能看到投资回报吗？ 对我的冲击力如何？ 解决清单上的问题是否值得？ 现在就需要做决定吗？

(续表)

销售阶段	客户的采购进程
5. 新现实 描述可能出现的新现实 设置议题，争取推进进展 共同参与新现实的规划，促进目标的实现	他们解决问题的方式： 可信吗？ 令人满意吗？ 和别人不一样吗？ 适应我们的情况吗？
6. 确定客户的 FAINT 及采购流程 挖掘兴趣点 确定采购流程与关键人 邀请决策者加入 确定客户的财力	应该邀请采购团队的其他人参加会谈吗？ 将该销售人员引入公司内部有风险吗？ 可以向他披露我们的流程吗？ 还有什么需要知道或需要做决定的吗？
7. 下一步 提交进一步发展的理由 给出建议，确定下一步的标准 获得认同，着手下一步，确定具体时间	现在承诺进一步发展合适吗？ 这个项目我有实力应付吗？ 进一步合作的理由是否充分？
8. 会谈后相关事宜 发送书面会谈回顾文件 为下次会谈做准备	他们可信吗？ 我们需要他们的产品吗？ 这个方案是否够好？ 是否值得进一步合作？

娴熟运用 8 个阶段 = 签约！

把销售过程分成 8 个阶段，尤其要注意灵活变通，因为产品或服务不同，每个客户关注焦点都会不同。

阶段 1：寒暄

◎ 遵守基本礼仪。打招呼，保持目光接触，握手要有力。

◎ 用闲谈打破僵局，可以事先准备一些话题。

◎ 如果关系与魅力都特别好，你也不要跨越寒暄阶段。

◎ 自如地过渡到业务合作的主题，有效地控制好谈话的话题，渐渐进入规划好的议题。

阶段2：启动会谈

基于你与客户会谈的目标，表12.2中的项目不一定每个都要做。如果是第一次会谈，你可以遵照表12.2的提示。同时，你对会谈的时间范围也要做到心中有数。如果预期会谈是20分钟，就要削减开场白的长篇大论。即使面对的是只有5个人的会谈，也要有所规划。具体见表12.2。

表12.2 会议的主题模板

主 题	举 例
会议介绍 开会前设定议题次序，明晰会议的目的和方向。	感谢大家参与今天的会议，很高兴见到大家，期待我们有一个愉快的会谈。
会议目的 设定整个会议的大前提。	例子1：正如我们在电话里谈到的，近期我们发表了如何以零基础的规划提升公司效益的研究报告。今天我们将用20分钟的时间来介绍这个方案的核心部分，然后一起讨论贵公司的具体实施方案。关于这项研究以及我们同其他公司合作的经验，你们也可以向我们提出问题。 例子2：在午餐会上，吉姆和我讨论到你们正面临着3个核心挑战，包括……吉姆想让我今天来和大家讨论一下，看我们是否能想出新的解决办法来应对挑战。

(续表)

主　题	举　例
会议目的 设定整个会议的大前提。	例子3：您参加了我们的网络视频讲座，得知我们能帮助科技公司加快软件开发进度，将图形设计工程时间缩短20%到50%。今天的会议我们主要讨论落实方案，看看我们的这个方案是否适合贵公司。
相关人员与公司的介绍 先让在场的每人做自我介绍，然后你再全面地介绍你的公司。 用几分钟的时间介绍自己和你的公司，在会谈过程中再具体介绍你的经历和背景。	开始前，我想用几分钟的时间做个自我介绍，顺便也认识一下在座的各位。 （介绍自己，并对你的公司做个简单介绍，陈述公司的价值定位，不要靠幻灯片） （其他人分别做自我介绍）
议题 你规划好的议题——你已经介绍了会议目的，会议期间要尽量全面展开你规划好的所有议题。 客户的议题——在会议期间，你可以询问客户的想法，以促成会议的成功。	正如我前面介绍的，要提高软件开发效率，有几个关键问题我们需要沟通，然后才能改善具体的流程，以及落实的次序和过程。 到目前为止，在座的各位有任何想要补充的吗？我会尽量展示更多的可能性，尤其结合贵公司具体情况。如果在今天会议结束时，大家从我们的方案中看到了希望，接下来就是讨论下一步该怎么做。
过　渡	在进入下一环节前，不知道大家有没有问题或者建议？ 非常好！最后一点，我们开始演示方案的实施过程，相信大家可以从中得到一些启发，欢迎各位随时发言，我们将一起讨论。

在介绍自己以及公司的时候，要注意分寸。不要花太多时间强调自己的信誉和口碑，也不要太夸大其词，当然，你也不要假设大家都认识你，知道你的背景，知道你们公司在业务上的成就，公司占有多么重要的市场地位以及社会影响力等。在这个阶段，销售人员过分夸大或过度谦虚都是不应该的：

◎ **过分夸大的例子**：我是布朗博士，世界上最权威的通量电容器公司的专家，多年来，与狄龙、通用、福特、国防部……（还有 26 家不同的公司）进行合作，发表了专业文章 44 篇、著作 4 部，第 1 部是……第 2 部是……我也曾是重要的演讲嘉宾，担任过一些大型活动的主讲人，有……（10 分钟已经过去了。）

◎ **过度谦虚的例子**：我叫恩美特，从 1985 年起就在电容器行业工作。

◎ **适度的例子**：在座的各位还不认识我，我是恩美特·布朗博士，已有 20 年的电容器领域的行业经验，至今仍乐此不疲。我发表过一些文章，也出版过著作。这些年的经验都来自狄龙、福特这样的公司。近期，我兼任了通量电容器公司的副总监。我从事咨询顾问 5 年了，这使我有更多灵活的时间做一些有趣的事情，比如当北美大型展会主席，当然也包括教我的小儿子打橄榄球。

自我介绍的核心诀窍就在于将自己的重要背景提炼出来。你的背景越能打动人，你的成就越出色，人们在会后也就越愿意与你交谈，或更多地了解你。你只要给出几个要点就可以了，既不浮夸也不妄自菲薄，方能以真诚打动人。

案例分享
Rainmaking Conversations

落实电话里说过的承诺

我们也经常通过电话来挖掘潜在客户，洽谈我们的业务和服务。有时我们能够成功地约见，实现第一次会谈。几个月前，我们通过电话约见了一家公司的营销总监，与他讨论在挖掘潜在客户方面是否有合作的可能。（有趣吧！）我们在电话里约好了会面，届时他们公司的总裁也会出席，这一点很让我们惊讶。

开始时气氛并不是很热烈。我们询问那家公司的总裁，来参加此次会谈想得到哪些收获，他说："在电话中，你们说能用20分钟的时间说一些我们还不知道的情况。那现在就开始吧！"在会场中，虽然我们看不到他，但我们知道他就坐在会场的后面，椅背很高，双手抱胸，眉毛低垂。

我们开始播放事先准备好的幻灯片，并开始讲解最佳的实践方法，中间还会停下来解答他们的疑问，我们总是听到他们说："继续！"大约过了15分钟，我们注意到20分钟就快过去了，在过去的时间里我们谈到了他们希望得到的东西吗？我们是不是错过了他们可能非常感兴趣的主题呢？

这家公司的总裁加答说："太好了，在过去6个月里，接到像你们这样销售约见的电话太多了，你们是唯一一家提到了我想了解的内容的商家。我还有时间，继续吧！"如果我们是在他的办公室与他面对面，我们应该可以更早地找到他可能感兴趣的话题，更早地发现他在哪些话题上挑了一下眉毛，或流露了微笑。

诱饵与拉线是钓鱼过程中相辅相成的两个动作，销售中也是一样。如果你承诺了要谈的内容，就一定要在第一次会谈中谈到。

阶段3：发掘需求

构建会议的结构取决于会议的形式。举个例子，如果会议是以演示或产品示范（比如最佳实践、问题解决流程、研究报告、产品展示）作为前提的，那么会谈时至少应该涉及如下的要点：

- 企业概况
- 问题的背景
- 典型的处理方法与缺陷
- 成功或失败的常见原因
- 课题的最新研究成果
- 新思路 / 新方法 / 产品演示
- 成功与失败的影响
- 建议与需要落实的行动
- 提问与讨论

从直觉上来看，通过幻灯片的展示似乎不可能发现需求，然而事实是，幻灯片总是能够揭示需求。例如，在展示过程中，客户经常会发言："你说得不错，我们将1号、4号设备都安置好了，如果能够妥善处理好2号、3号设备，结果肯定会更好的。过去两年来，我们仍然不断在尝试处理好这两个机组。"

一旦会谈有了下面的任何一个前提，你就可以考虑跳过幻灯片演示，直接讨论客户的愿望与烦恼：

- 他们已经表达了自己的需求，并想要和你探讨解决方案。
- 客户认识的第三方介绍你来展示，他们对第三方完全信任的话，会充分相信你可以解决客户的问题。
◎ 会谈的目的是争取客户能够向他们认识的朋友推荐你。

通过幻灯片演示，你就启动发现需求的旅程了。通过一系列的交谈、对议题和冲击力的分析，你也许就可以这样说："根据我们目前的讨论，我更加相信我们能够帮助你们，接下来的15分钟，我可以更加深入地结合贵公司的情况分析我们的解决方案。"

案例分享
Rainmaking Conversations

合作转折点

在销售会谈中，总有某个节点，客户要么会说："我没兴趣，会谈到此结束吧。"要么就会说："我很认同，找个时间我们深入谈谈。"

毫无疑问，你的目标就是尽可能地争取深入交谈的机会。你可以通过开场白的一句话就打动买家，也可以通过幻灯片的演示，还可以通过一个故事或一个崭新的想法将客户带入对下次会谈的期待中。

无论什么时候发生，交谈中经常有一个特定的时刻，客户会从被动（不确定是否真要接受挑战，还是再等等）转向主动，他们也会在这个时刻做出进一步讨论的承诺。

我们将这个时刻称为"合作转折点"，一个有利于出现结果，推动客户采取下一步行动的时刻。

在探求客户的痛点与渴望时，要确保如下几点：

- 在会谈中向客户描述宏伟蓝图。你可以这样说:"在这些情况下,需要将5个部分整合到一起才能实现成功,这5个部分分别是A、B、C、D还有E。"
- 进入关键议题的时候,你需要决定在剩余时间讨论的方向,而在你对客户的整体形势有了一个大致了解时,你也因此建立起了自己的信誉。
- 扩大提问涉及的范围,试探客户是否还会有其他方面的需求。如果你在会谈前就进行了充分的准备,你可以通过提问和评论进一步向客户描述你对宏伟蓝图的认识和见解。
- 对会谈讨论的内容做一个小结,在进入下一步前,确定客户和你的进度保持一致。

阶段4:分析冲击力

为了明确通过合作可以协助客户的所有方面,你需要在会谈中收集关键要素的信息,分析其对客户可能产生的冲击力。

冲击力分析通常涵盖如下3个阶段:

- 谈到客户的痛点与渴望时。
- 在特别提到冲击力的讨论中。
- 在同客户会谈的间隙中。

首先,在会谈中,你要在客户的痛点、渴望和冲击力之间来回穿梭,不断加深客户的印象。比如你可以说:"通过电子邮件营销,你们没有得到预期的结果。

"这可是一个问题,现在的反馈吸引率为8%左右,而下单率只有

0.8%，你们是否想过，如果能将反馈吸引率提高 2% 或将下单率提高 10%，整体效益将会有多大的改善？"

一旦了解到客户的所有情况，你就要及时找到能冲击客户的方式和途径。最有力的方式就是，站到白板前（如果有的话）或者在纸上绘制一个草图，务必罗列出所有的要点，写下所有的冲击力模型要素，记下这些提问的答案。

如果冲击力还不够明显，你就需要帮助客户挖掘出来，这一段的交谈时间可能会长一点，其实就是要求客户承认他的现状："如果能将人员流失率降低 5%，聘用效率就会提高 10%，这就意味着可以节省大约 200 万美元！"或者，"如果通过电子邮件营销收入可以提升 0.1%，一个月就会增加 3 万美元的收入。"

冲击力分析的第 3 个阶段产生于会后。通常情况下，如果你没有事后进行深入的分析，就找不到具体可实施的冲击力，有时你需要邀请技术专家参与，通过对细节的分析找到冲击客户的方案。

在这种情况下，你需要先结束会议，告诉客户你还需要分析一下对客户产生的可能性影响，之后再找机会约见客户。例如，你可以这样说：

"我来做个小总结，目前贵公司正在进行 A、B 和 C 这些项目，我们见过其他公司的类似情况，从表面上看，这似乎不是大问题，然而，在我们进行了深入的研究之后，公司的一些高层发现，这些项目会让贵公司每月损失 5 万到 15 万美元的利润。对于贵公司目前的规模来说，这可不是一笔小数目。

"在我能够深入感觉到眼前的可能性之前，我还需要和我的团队再深入分析研究一下，在我们今天讨论的信息基础上，再规划出一套解决方案。让贵公司从与我们合作开始就能够实现当月节省费用的成果，并找出为实现这个目标所要做的选择。"

阶段 5：新现实

如同冲击力一样，你还要学会在与客户的交谈中不断向客户展示全新的现实。

通过挖掘客户的痛点和渴望，你让客户看到了光明和希望，让他切实地感受到你的解决方案发挥的作用。

与强化冲击力类似，你可以在会谈的总结中记下客户对未来的期待，写下最基本的"合作前如何"与"合作后如何"内容，并将所有的内容都形成书面文件，会后提交一份给客户。

案例分享
Rainmaking Conversations

让客户认同冲击力和新现实

艾森豪威尔将领导力比喻为影响别人自发付诸行动的艺术。销售工作也是一样，客户越想得到一个结果，他就越有可能主动付诸行动。

有一个办法能够实现这个目的，那就是让客户认同你的产品或服务，让他自己描述出新现实，用影响力原理让客户参与其中。

做法如下：

销售人员："目前我们讨论的有两个重要问题，对吧？"

客户："对，实际上就是时间和进度的问题。"

销售人员："如果你们着手解决的话，我想知道会发生什么变化呢？"

客户："如果我们自己解决，应该可以将软件升级的速度提升20%吧，也许更多，就按20%来算吧。"

销售人员："这样一来，将对您的团队产生什么影响呢？"

客户："我应该提到过，我们每年要发布 3 款新软件，甚至可能是 4 款或 5 款。如果合作的话，这当然会对我们有帮助。"

销售人员："平均来看，一款软件的年销售额大约是多少？"

客户："按照 65% 的市场份额来计算，全部加起来应该是 200 万～300 万美元的销售额吧。"

销售人员："不计算营销与渠道费用，发布一款新软件需要额外增加多少成本呢？"

客户："不多。既然我考虑到了合作，我们就会争取提高利润率，还有一个团队在设计更多的规格，每个规格都应该有 60% 的利润率。"

阶段 6：确定客户的 FAINT 及采购流程

许多销售人员圆满完成了一次会谈，也成功约定了下一次会议的时间，却在会议结束的时候，忘记确定客户的采购流程了。

虽然你已经与客户就他们的需求进行了探讨，客户也认同了，但你还需要继续了解他们的 FAINT：财力（Financial capacity）、权力（Authority）、兴趣（Interest）、需求（Need）和时机（Timing），以及他们的采购流程：

◎ 确定客户是否具有进一步详谈的兴趣。
◎ 确定购买的决策人、采购流程以及时机。
◎ 邀请决策者参与。
◎ 确定客户的财务实力或现金流状况再决定是否推动。

确定客户是否具有进一步发展的兴趣：询问客户是否准备开始下一个阶段的发展，这有助于激发客户的兴趣，并促使他们做出承诺。你可以这样问,"从我的角度来看,我们似乎很有必要进行下一个阶段的讨论。不知你们是否有兴趣呢?"

如果客户认同,你就可以进一步询问:"太好了,我们今天讨论了这么多内容,我想知道,您对其中哪个部分最感兴趣呢?"他们的回答会告诉你他们最关心的问题是什么,也提示了你是否错过了真正的重点。

讨论这样的问题能够在客户的脑海中留下深刻印象,推动客户进一步发展。想到一件事和在其他人面前大声说出来是不同的,后者可以增加你得到积极反馈的概率。如果客户拒绝了,或者会谈中有人认同,有人不认同,意见不一致,你还有机会统一他们的认识。然而如果你走出会议室,让客户和其他决策者自由讨论,很可能你就彻底没机会了。

确定购买的决策人、采购流程以及时机: 与你谈话的人可能有决策权,但你最好不要存侥幸心理。难度就在于,你想询问对方是否有决策权,但又担心伤害了对方(如果他没有决策权)。你不能只是简单地问:"您可以决策这个事情吧?"或者"谁是决策者?"你应该这么问:"如果我们决定进一步洽谈,接下来的流程是什么样的?还有谁需要参与进来?"

如果对方回答:"我就是最终决策人了,也可以找到足够的资金支持我们的合作项目,只要一切符合我们的战略,我就可以拍板。"祝贺你,可能你碰到了真正的决策者。如果对方沉默片刻,你就应该接着问:"如果我们进一步商谈,需要谁最后签约同意,我们才算正式开始合作了呢?"

如果对方不是最终决策人,他也许会这样说:"这事儿需要我们首席运营官决定,我需要向他汇报,才能决定我们下一步的讨论。"多数情况下,你就需要想办法接触到首席运营官。

如果客户还没有和你讨论过采购时机,你最好直截了当地询问:"假设你认为值得合作，你觉得大概什么时机正式启动比较合适？"

邀请决策者参与：不成功的销售人员往往倾向于为客户做所有的事情。他们认为："如果我为他们多做一些事，客户就不用麻烦，只要回答问题，然后签约就可以了，能够赢得签单的可能性也比较大。"

这个想法的错误就在于没有正确理解客户的拥有感和承诺的作用。让签约变得简单直接没有错，但引发客户的情感投入才是发挥影响力的关键。想要获得客户的情感投入，你可以这样做：

- 锁定解决方案之前，找机会与决策者进行一次脑力风暴会谈。
- 要求客户提供一些资料，好让你提供更加适合他们的方案。
- 通过一系列的销售访谈，更好地理解如何向客户呈现出更好的方案。
- 要求客户到你的办公室参加会议，而不是去他们那里。

以上每点都需要花时间，而且都是从客户的角度考虑的。客户付出的所有时间和精力都是他们对合作的投资。

客户投资得越多，他们希望合作的可能性就越大。

确定客户的财务实力或现金流状况：你有责任在合作进一步发展前确定客户是否有足够的财务能力达成合作。假如客户是一家拥有 100 亿美元资产的大公司，而你的产品价值约 50 万美元，在这种情况下，你甚至可以不需要确定客户的财务实力。如果客户的总裁想做点事儿，他绝对有实力拿出 50 万美元，这种规模的公司，这点钱平时打水漂也不过这个数。

多数情况下，在客户认同了他们的痛点与渴望，并接受了你的方案后，你大概会给客户提供一个价格范围，在这个价格承受度下，让客户充分体会将要发生的变化以及新的现实。如果一次会议不够，就需要多开几次。可是，你需要一个大致的预期，对方的预算范围至少要与你的产品和服务的价值持平。

销售人员："你们提到软件升级后年度销售额大约在200万～300万美元之间，3年销售额就是600万～900万美元。而根据我们所讨论的结果，我们整个方案的费用在25万～40万美元之间。"

"虽然我们都不是预言家，不知道实施后能否实现预期节省的费用，但是，如果我们有信心能够做到，贵公司是否有兴趣呢？"

按照上面的方式提问，你就会让客户觉得你是从投资回报的视角来谈价格的，而不是直接粗暴地询问预算。你没有把采购压力推给客户，你没有必要问："这个价格怎么样？"因为你知道回答通常都是："有点儿高！"

在随后的流程中，如果你已经有了完全客户化的解决方案，你就可以直接应对客户的异议并与其协商价格了。但开始的时候你需要让客户有一个支出的概念，让他知道，为了得到投资回报需要付出什么样的价格。当然，客户也有可能会这样说："我们从来没花过这么多钱！"或者"我们根本就没有这么多的预算。"这些都在提醒你要注意控制在这个客户身上花的时间，因为你也许该考虑去接触新客户了。

阶段7：下一步

如果一切都按计划进行，你就该结束会谈，并着手下一步的行动了，这时候你应该这样做：明确进一步继续的理由；给出建议，确定下一步的标准；就下一次会谈的时间和目的与客户达成一致。

你可以这样说："詹妮弗，今天我们谈得非常愉快，看来合作的机会非常大，我们可以以多种方式进行合作。"

"关于下一步，我想先回去整理一下会议纪要，然后发给你，几周后，我再与技术部门协商一下，邀请一些专家，给你们提供3种选择，之后我们再讨论下一步可以吗？"

"届时将在我的办公室来进行下一步讨论，你要来，并请带上你们的副总裁和项目负责人。我们可能需要一个上午的时间将全部内容梳理一遍，这样安排可以吗？"

（假设可以）"好的，那就14号周四，上午8点半吧。"

如果这个流程被拒绝了，那就需要继续讨论如何促进下一步的合作。

总之，你必须稳扎稳打落实好下一步具体的时间（比如14号，上午8点半）、地点等一定要明确，避免模棱两可，也不要出现"到时候再说"这样的状况。如果你接受了客户的"到时候再说"，你就没有让客户获得拥有感，对方也不会真正参与进来。你会让客户觉得你的地位竟低微到随叫随到、任人宰割的程度，从而令你的签约机会变得渺茫。

所以，你应该想尽各种办法来维护你与客户间平等的买卖关系，你要不断地试图和客户协商下一步，以引发对方的参与感和拥有感。如果你愿意在客户身上花费大量时间和精力，而客户却不愿意付出一点时间，那说明他在这个过程的投入就不够。

阶段8：会谈后相关事宜

根据下一步的实施情况，你可能还有一些信息资料需要汇总并发送客户留档，撰写商务邀请函或准备方案书等。

会谈后你要确定需要完成所有的事宜，不能遗漏。

有些销售人员仅仅发个简短邮件就草草了事："能与您讨论我们可以如何帮助处理这些重大挑战真是太棒了，这是一次成功的会谈，我们的下一步计划是……"这样的邮件一点都不打动人，更不要说增加进一步接触的额外价值了。想脱颖而出，想持续不断地施加影响力，就要学会撰写商务邀请函。

商务邀请函需从会谈开始，总结并强化你的优势，并充分确定下一步的执行，好的商务邀请函一般包括如下几个元素：

- 现状的总结
- 客户的痛点与渴望
- 冲击力
- 新现实的可能性（在流程早期）或解决方案（如果接近方案书提交阶段）
- 提升信誉的证词
- 采购流程的便捷化
- 下一步流程

提交方案书的时候，不要尝试推销你的方案书。方案书是下一步如何推进的证明，不是说服客户掏钱的推销文件。如果客户在你还没向他展示方案时就找你要方案书，往往为时过早了。也许他们还没有到达考虑下一步行动的阶段。这时候，商务邀请函就可以很好地成为推进流程、建立信任、强化拥有感和启发客户合作欲望的桥梁。

如果客户受到商务邀请函的启发，并认同了你的提议，那么大多数情况下，你在筹备方案书时需要做的，就是做好签约的准备了。

RAINMAKING CONVERSATIONS
Influence, Persuade, and Sell in Any Situation

第 13 章

电话销售——挖掘客户无法回避的难题

当客户的电话处于无人接听状态时,语音留言是留还是不留?区分潜在客户是否合格的 BANT 模型是否已经过时了,什么才是王道?

> 当你给客户打电话的时候,记得把客户的名字写下来,放到自己眼前,这样你就可以快速回想起客户的名字。
>
> 畅销书《绝对成交销售加速手册》作者戴维·库克

挖掘客户,即寻找新客户并与其会谈,这个环节在销售流程中往往被过度分析了,它也是被误解得最多的环节。如何成功挖掘一个新的客户,这是一个让很多人感到困惑的难题。

首先,挖掘客户被误解了,然后,当人们试图进一步厘清它的具体含义时,往往又总是得到矛盾百出的说法和建议。由于不同情况需不同对待,所以有时即使是销售行业的专家也是一头雾水。

耳听为虚,眼见为实。对于真心想要学习RAIN模式的读者来说,看到用电话成功邀约并拿到订单的过程很重要,之后你就可以自行决定采取哪些行动来提升你的销售业绩了。我们之所以要专门讨论电话销售,是因为它是RAIN模式挖掘客户时最常用的方法。

谁在驱动需求,销售人员还是客户?

销售行业流传着这样一个模式,那就是AIDA,这4个字母分别代表注意力（Attention）、兴趣（Interest）、欲望（Desire）和行动（Action）。

挖掘客户的核心就在于捕获客户的注意力，激发他的兴趣，进而将他的兴趣点融入销售会谈。

注意，挖掘客户可不是要你去寻找现在正准备购买某个产品或服务的人。多数情况下，我们不会这样做，因为这无法实现我们的销售目标。

延伸阅读
Rainmaking Conversations

> 潜在的需求：客户有问题需要解决，不过这些问题仍隐藏在表象之下。客户还没有意识到自己的需求，或者没有强烈地意识到要去立刻采取行动。销售人员的工作就是将他的需求拿到桌面上来说，界定并同客户交流该需求可能对客户产生的影响。
>
> 明确的需求：客户意识到了有问题需要解决。销售人员的工作就是同客户探讨他的需求（包括已经存在和其他延伸出来的需求）以及围绕该需求所展开的其他事宜，界定并交流合作可能对客户产生的影响。

挖掘客户的时候，你会碰到一些已经有购买欲望的人（他们想要解决某个特定的问题，或有意购买某种产品或服务），甚至一些已经在行动的人（他们已经在着手寻找能够解决问题的办法），但是，如果你的方案就是仅仅找出这些人的话，不久，你就会面临如下的问题：

- 你已经找到要买这种产品的客户了，但他想找的却是该产品的领头羊，而你并不是领头羊。
- 如果你销售的不是大众消费品，那么客户可能不购买你的产品。

因为他不了解产品的细节，所以会犹豫不决。

◎ 有人已经有欲望解决问题，但还没开始寻找解决方案，如果能遇到这种人你就走运了，不过你会发现这种事发生的概率就像天上掉馅饼一样！

如果你能捕获客户的注意力，并激发他们的兴趣和欲望，那么，在客户可能面对的所有供应商中，你的位置将遥遥领先。如果你让客户看到了解决问题的重要性，那么在说服他们采取行动的过程中，你也将占据主动。

在展开具体的客户策略之前，你有必要思考一下这个问题：是谁在驱动需求，销售人员还是客户？

客户驱动需求

当客户驱动需求时，无论你想为挖掘潜在客户做什么，都必须等待客户的需求出现，只有那时你才有机会卖出产品。

假设你是一个诉讼律师，如果没有人发生纠纷并提出诉讼，无论你再如何有心，也没有单子可接。假设你是一名从事房顶改建的销售人员，如果没有人的房顶出现损坏、破旧或漏水，无论你有多么优秀的销售技巧，也无处施展。

直到实际有需求产生，否则客户是不会购买或签约的。

这种情况下，销售人员实际上也是在贩卖明确的需求，此时客户已经意识到有问题需要解决了。销售人员的首要工作就是同客户探讨他的需求（包括已经存在的需求和其他延伸出来的需求）以及围绕该需求所展开的其他事宜，界定并交流合作可能对客户产生的影响，让客户逐渐意识到解决那些需求的重要意义和积极作用。

销售人员驱动需求

当销售人员驱动需求时，你应该创造机会，并对客户施加影响力，无论你的产品或服务是否在他寻求的清单上，都应由你主导去推动他购买。有时候，客户甚至还没意识到可以与你合作。

这种情况下，你就在贩卖潜在的需求。此时客户有问题需要解决，不过这些问题仍隐藏在表象之下。他还没有意识到自己的需求，或者还没有强烈地意识到要去立刻采取行动。销售人员的首要工作就是将他的需求拿到桌面上来说，界定并同客户交流该需求可能对客户产生的影响。

下面是一则由销售人员驱动需求的例子：

有专业的技术公司提供软件、定期检测服务器运行和耗时情况的系统及相关技术。而之前企业的这些情况都是由人来监控的。如果客户从来就不知道还存在着通过机器自动实行监控这个技术，他们自然就不会去寻找它。

这时就要看技术公司的销售人员了，多数情况下需要由他们来驱动市场对产品的需求。销售人员驱动需求还是比客户驱动需求略为复杂一些。如果你推销的产品有市场需求，也能在恰当的情景下产生价值，但客户可能还没意识他的需求，或还没意识到他的问题已经存在更好的解决方案了，这时就需要你去揭示需求，并让他看到解决问题的可能性。

挖掘已有明确需求的客户

当你挖掘已有明确需求的潜在客户时，要注意把握时机，在他恰好有想法要购买的时候找到他。因此，你应集中精力吸引客户的注意力。这样，一旦需求确定了，你就会成为首选。为了能吸引到客户，你需要想办法让产品匹配客户的需求，进而成为他的首选。

如果客户已经有了自己的供应商，你则需要创造条件让他对现有的供应商产生各种不满，从而引发客户寻找替代者的意识。

挖掘只有潜在需求的客户

当你挖掘只有潜在需求的客户时，要将焦点集中在诱发客户的兴趣上，尤其要让客户知道解决问题后能带来的利益，以及能够实现的目标。

你需要做大量的工作来捕获客户的注意力，因为客户只是有问题想要解决，但他还不知道有解决方案存在。然后就是诱发兴趣，刺激他的好奇心，并不断提出刺激其兴趣的话题。紧接着就是进一步加强客户的欲望，让客户期待解决方案，并推动他下单。

总之，挖掘潜在客户有多种不同形式。你可以满足明确的市场需求，停留在客户的视线中等待需求的浮现，也可以启发客户，挖掘出他们的需求并最终影响他们。

电话陌拜：是否被挂断完全取决于你！

电话陌拜（Cold Calls），指不经过预约直接与指定的陌生人通电话。在《客户如何购买》的研究报告中，我们就通过电话调查询问了两个相关的问题：

◎ 你接听过电话陌拜吗？
◎ 如果你接听了一个电话陌拜，你认为是什么因素促使你接听了这个电话？

在我们调查的10个人中，有4个人表示他们会接听电话陌拜。其中有两个重要因素是：

- 恰好对介绍的产品有需求，无论是现在还是将来。
- 从电话中得到了有价值的东西——最佳实践、研究发现、专家意见或者活动邀请等。

一般来说，在接听电话陌拜的人中，超过 80% 的人都认为这两个因素最重要。不过研究发现还有一些看似不重要的因素也会被不少人列为重要因素，如对某个产品的现有供应商不满意，详情请见图 13.1。

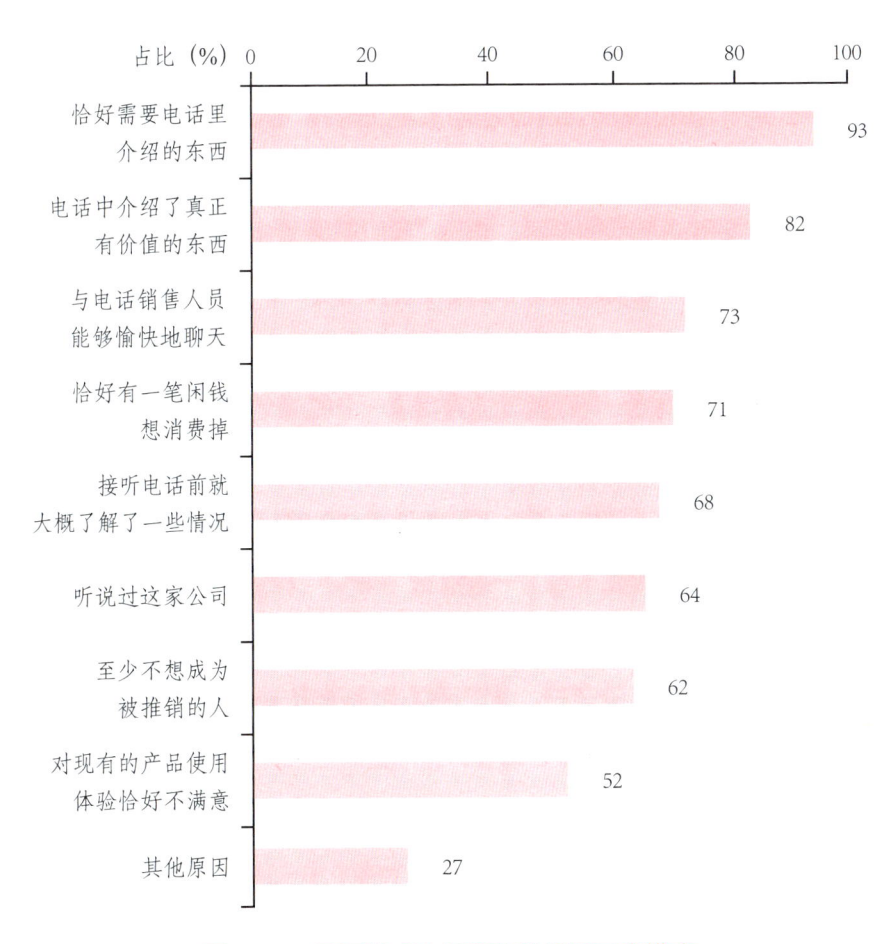

占比（%）	
恰好需要电话里介绍的东西	93
电话中介绍了真正有价值的东西	82
与电话销售人员能够愉快地聊天	73
恰好有一笔闲钱想消费掉	71
接听电话前就大概了解了一些情况	68
听说过这家公司	64
至少不想成为被推销的人	62
对现有的产品使用体验恰好不满意	52
其他原因	27

图 13.1 是否接听电话陌拜的重要因素排序

图 13.1 中所有接听电话陌拜的重要因素都可以指导你在拨打客户电话前该如何准备，现在，我们深入看一下排在前面的几个重要因素。

现在就有需求（93%）：如果你能有效地挖掘到潜在客户，你就很有可能找到他们对产品或服务的潜在需求。如果找不到他们的需求，你的成功比例会大大降低。

在此需要提醒的是：许多客户可能并不知道他们有什么需求，因为你还没有驱动他们的需求呢。需求是潜在的，只有在你打开他们的视野之后，他们才能够感受到自己的需求。

电话内容有价值（82%）：当客户接听电话的时候，你有几秒钟的缓冲时间。如果他们感觉听到的都是废话，浪费时间，电话就会被挂断。其实，他们是否会挂断电话完全取决于你，你所讲的内容能否让对方觉得有价值，跟从别的地方听到的不同。诸如"我们提供更有竞争力的产品""现在下单还有优惠"之类的话基本上都不会打动客户。

愉快聊天（73%），不想被推销（62%）：拨打客户电话之前，问问自己，能不能让对方听到第一句话时就觉得我是一个能够交心的人？如果不能，对方就会觉得你是在骚扰，如果接听的人是高管就更不用说了。你知道该如何说吗？对自己有信心吗？不妨找机会多加练习。

接听电话前就大概了解了一些情况（68%）：拨打客户电话是能够产生实效的，尤其是如果你提供的产品真的有价值。如果你能在打电话之前先行寄出一些资料给客户，或许可以改善通话的效果。如果客户完全不了解产品或服务的情况下，给客户打电话的效果就比较糟。

听说过这家公司（64%）：这就是品牌影响力。如果公司对整个市场没有那么大的品牌号召力，你就要在几个客户中先树立口碑，让客户记住公司品牌和畅销产品。你完全可以利用电话建立品牌，然后，在已有影响力的市场中逐步扩大影响力。

销售高附加值产品：用 FAINT 模式搞定

传统上市场对潜在客户是否合格有一套明确的定义，那就是 BANT，一般来说，一个合格的潜在客户需要具备如下 4 个资质：

- 预算（Budget）
- 权力（Authority）
- 需求（Need）
- 时机（Time frame to buy）

然而，BANT 模式要求客户具备如下条件：

- 他们知道自己将要购买什么产品
- 他们知道自己过去买过什么产品，也知道使用方法和效果
- 他们明确知道自己想要达到的预期效果

然而，现实中的许多业务并不是这个套路，尤其是客户没有计划要购买的产品。如销售人员驱动需求的产品，都是没有事先预算规划的。

因此，传统上区分合格的潜在客户的 BANT 就过时了。如果销售人员仍抱守 BANT 不放，一旦发现客户没有做出预算，就会将其评定为不合格，从而放弃跟进。但现在多数情况都是客户没有预算规划，可是如果他们能满足其他一些条件，仍然算是合格的潜在客户。

假如你是一家拥有 10 亿美元营业额的医院的供应商，你想帮助他们建立运营系统，降低运营成本，这是你的核心竞争力。而医院的首席财务官却认为眼前重要的根本不是降低成本，而是筹款兴建新的侧翼楼，

如何聘用到最好的医生和护士等，你该如何评定呢？

RAIN集团就有过这样一个客户，这个客户是一家拥有10亿美元营业额医院的供应商，能够帮助医院降低运营成本10%左右。该医院每年的花费是1.1亿美元左右，所以，他们能够帮助医院节省1 100万美元。他们完全有能力驱动需求，医院只需为此支付110万美元，这家客户之前就因此与不少医院签约了。

想象一下，如果我们的客户当时这样问这家医院的首席财务官："你们是否有我们这项服务的预算？"显然，这是一个很低级的问题。医院当然没有这项预算，不过他们有实力支出这笔费用。只要首席财务官完全理解这笔费用产生的价值——每花费1美元就能有10美元的回报，他就能下决心购买，哪怕原来根本没有这项预算。

没有计划的采购时有发生，而在销售人员驱动需求的产品和服务中，通常都不需要事先有预算。于是，合格的潜在客户的新标准出现了，这就是FAINT模式。它所代表的含义如下：

财务实力（Financial Capacity）：关注潜在客户是否具有足够的财务实力。如果客户拥有足够的资金，即使没有预算，但从整个财务运行情况来看，还是有实力拿出这笔钱的。

权力（Authority）：关注与你建立关系的这个人是否有实权，是否能够决定项目的支出，你要会谈的人应该对支出有发言权。

兴趣（Interest）：了解客户对可能发生的新变化是否有兴趣，对现状的改变有多大的意愿。

需求（Need）：突出你可以满足的特殊需求，看看他们是否愿意发现自己的潜在需求。

时机（Timing）：达成购买意向并预计签约时间。这也许需要你会谈多次，因为这可能涉及几个决策者的影响力，所以往往周期较长。一旦明确了购买时机，你就赢得了一个合格的潜在客户，接下来就是等待签约进而发展为正式的客户。

如果你销售的是附加价值较高的产品，就需要与客户建立更加广泛的联系。你需要用 FAINT 模式来思考，而不是 BANT 模式。

"我没兴趣。""挂断前，我能问一个问题吗？"

开始挖掘潜在客户前，你的脑海中要有几个相关的概念。

1. 确定目标

想在挖掘潜在客户方面取得成功，你需要有优良的客户清单，并能够精确锁定出击的目标。一般的销售人员都倾向联系底层员工，一点一点建立联系，这样做的效率太低了。你需要尝试给高层打电话，现在就筛选你的电话清单，将底层员工全部清除，否则，你一天浪费的电话比例会相当高。

2. 每次互动都有价值

在销售会谈中，不要滔滔不绝地讲自己公司的实力有多雄厚、历史如何悠久，或取得了多么显赫的成就，这些是没有人会听的，客户关心的是，与你合作可以产生哪些价值。说到为客户提供价值，不要想着只有签约后他们才能得到价值，你应该在每次与客户的接触中都创造价值。客户可以通过与你的交谈得到价值，从你对公司的介绍中得到价值，从你所讲解的方案中得到价值，还可以从与你的个人交往中得到价值。只要客户肯花时间与你交谈，你就应该给他们提供相应的价值。

3. 最适合客户的方案

你与客户最终达成的方案可能是软件、设备、建筑材料，也可能是理财服务、运营规划、营销战术等。但其本质的价值在决定签约前双方就应该达成一致了，这就是客户的个性化方案。

4. **不要算计**

保持高品质的诚信是商业成功的基石。运用计谋、扭曲事实、偷梁换柱、夸大献媚……这些都不是光明正大的销售技巧，都应该摒弃。如果回家后能够将自己做的所有事情都对孩子讲，你才算一名合格的销售人员。

5. **多次接触**

想要接触到企业高层，销售人员需要联系的次数远远高于外行人的想象。通常，销售人员往往需要7次以上的接触才能联系上一个人。该数字可大可小，要视客户所处的行业、领域及客户的头衔而定。

6. **多渠道接触**

电话陌拜是可行的，但如果能用上书信和电子邮件的话，效果将更好。

成功挖掘客户的6大电话策略

无论是通过电话、电子邮件，还是营销信件，你都需要有良好的销售策略，从而创造与客户交谈的机会。在这里，我们将给出电话销售的6条策略，这些策略也同样适用于电子邮件和营销信件。

1. 列举成功的案例：为客户提供经典的成功案例，列举其他公司在面对问题时是如何处理并解决的，最后又是如何实现成功的。具体模板可参照如下的例子：

名字：莎容，我是李·爱德曼。

企业：我是卡普拉城市科技公司的。

直截了当的自我介绍：我们以前没有见过面。

我们是做什么的：和我们合作过的几乎都是医药公司，我们协助他们推动临床测试……

成功的实践（捕获注意力）：之所以给您打电话是因为我们最近刚完成一个行业标杆研究报告，找到了降低临床成本的关键要素，同时还有高质量的保证……

（暂停片刻）

我们能提供什么（激发兴趣）：14、15号我恰好在新泽西客户那里，我想约您见一面做个简短的介绍，十几分钟就好，主要向您汇报这个报告的关键要点。相信您一定会大开眼界的。

要求约见：我们能否在14号下午或者15号早上见面？

2. **开门见山**：与客户分享曾经取得过的惊人成果，充分激发对方的兴趣，告诉他们你是怎么做到的。具体模板可参照如下的例子：

名字：比尔，我是海伦·凯恩。

企业：我是皮卡斯基金会的。

直截了当的自我介绍：看到高等教育季刊，得知您刚被聘为吉漫能学院的副总裁。

我们是做什么的：我们的核心业务就是协助高等教育组织的发展……

成功的实践（捕获注意力）：我们能为组织提高筹资目标，大约能提高15%左右；近期我们成功为州立大学和星皇后学院完成了筹资活动……

（暂停片刻）

我们能提供什么（激发兴趣）：在校友杂志的文章中，看到您今年的筹资目标是4 000万美元……我们能提高15%，那就能多600万美元。

要求约见：您看下周二或周三早上是否有空，我们可以谈谈筹资的事宜？

3. **全新想法**：将全新的构思直接展示出来给客户看。具体模板可参照如下的例子：

名字：索尔，我是亚伦·朵莱。

企业：我是巴斯特创新公司的。

直截了当的自我介绍：我们以前没有见过面。

我们是做什么的：我们的核心业务是协助快销品包装公司创新其设计……

成功的实践（捕获注意力）：之所以联系您是因为从你们的网站上看到最近的媒体介绍，了解到贵公司准备走创新路线，提升效益……

我们能提供什么（激发兴趣）：创新正是我们公司的业务，我们在牙科领域提供过创新战略服务，我们有3个思路来推动公司的创新……（暂停片刻）也许您会对这3个思路感兴趣。

要求约见：您下周二或周三早上是否有空，我们约见一下？

4. **与众不同**：通过资料与讲解来渲染你的解决方案如何与别人不同，你将如何用创新的方式实现客户的期望。

具体模板可参照如下：

名字：卡尔，我是罗拉·罗斯琳。

企业：我是皮肯战略集团的。

直截了当的自我介绍：贵公司首席运营官吉姆·史密斯建议我和您联系。

我们是做什么的：我们的核心业务是协助科技公司的销售人员快速成长，录用后不久就可以出单签约。

成功的实践（捕获注意力）：之所以联系你是因为我们与森图灵公司和韦博系统都合作过，将他们销售人员的成长时间缩短了50%，用突破性的新方法将销售人员离职率降低了15%……

（暂停片刻）

我们能提供什么（激发兴趣）：我们的解决方案大概是你所听过的最有特色的，还是安排我们来给你展示一次吧。

要求约见：下周二或周三早上也可以——你哪个时间更方便？

5. 开篇第一步：给客户提供可信赖的方案，自我介绍要让客户容易接受，不要让他觉得自己的利益受到了威胁。具体模板可参照如下的例子：

名字：卡拉，我是佛里克斯·盖伊塔。

企业：我是C元理财机构的。

直截了当的自我介绍：你们春田分公司的山姆·安得斯建议我和您联系。

我们是做什么的：在过去12年里，我们主要协助1 000万美元到5 000万美元规模的家族企业进行资产重组、股权调整以及现金流管理……

成功的实践（捕获注意力）：之所以联系您是因为我们公司在波士顿有一个CEO研讨会和晚宴，各大企业的CEO也会参加，您也有机会发言，另外，特莱顿商学院的院长也会参加……

（暂停片刻）

我们能提供什么（激发兴趣）：我们还没见过面，很希望您能成为我们的客人，让我们有机会认识一下。

要求约见：现在，我能为您预订一个位子吗？

6. 请求帮助：向客户表达你需要帮助的需求，并希望此客户能帮你转接到相关决策人。具体模板可参照如下的例子：

名字：卡莉，我是托瑞·福斯特。

企业：我是皇家第一集团的。

直截了当的自我介绍：我们以前没有见过面。

我们是做什么的：但我们的业务就是协助人力资源寻找高级职位的合适人选，我们有一系列的测评工具。

成功的实践（捕获注意力）：我们能够提高银行业新入职员工的保留率，成功率高达 25%……

（暂停片刻）

我们能提供什么（激发兴趣）：我联系您是想看您是否有兴趣，我们可以介绍一下这些结果是如何达到的，不知道贵公司中谁比较适合谈这个内容呢？

要求约见：您能帮我转接那个人吗？

有了上述 6 条策略，你就可以很好地与客户沟通你能为他做什么，从而向他传递价值，然后不断练习。

这里，我们已经非常具体地给出了挖掘客户时需要用到的主要思路。当然，你可能会遇到一些意外的情况，但无论如何，你都可以运用这些策略为客户做出最完美的展示。你甚至还可以找到这些策略中最核心的点，并形成适合自己的销售方法，进而运用到与客户的交谈中。

> **延伸阅读**
> Rainmaking Conversations
>
> ### 暂停片刻
>
> 暂停片刻是电话销售中最关键的环节，你需要等待客户来打破沉默。在说出具有吸引力的内容后突然暂停，就给了客户一个提问的机会，一旦客户向你发问，你就已经成功捕获了他的注意力，下一步就是激发他的兴趣。
>
> 如果客户在你暂停片刻时说："我没有兴趣。"你还可以采用之前规划的策略来扭转态势。如果此时你还没有提出建议，你就可以说："好吧，在挂断前，我能问您一个问题吗？"一旦对方同意，（多数情况下会同意的）你就可以进行下一步的电话策略，并提出你的建议。

电话拜访要让客户切身感受到价值

假如你是一家拥有 8 亿美元营业额的制造企业，地点在俄亥俄州。有一天，你接到一个电话陌拜："我是约翰·史密斯，从事战略与变革管理咨询，你们公司需要进行战略规划，考虑变革管理吗？我们能否见个面？"

听到这个电话后，即使未来 3 周你的日程表上都是空的，你八成也不会同意这个约见请求。

让我们给约翰第二次机会，这次他说的话有一点儿不同："我是未来战略集团的约翰·史密斯，我们没见过面，之所以给你打电话是因为我们公司近期发布了一个行业标杆研究报告，发现中西部的制造企业包括您的两家竞争对手，已成功地与工会进行了合作，并妥善处理了全球化外包变革。我们了解到有3个主要变革对策，适用于几乎所有类型的制造企业。（暂停片刻）这就算我们公司的自我介绍吧，我们能否当面谈谈，请您大概浏览一下报告的内容，您至少也可以从中得到一些启示。"

如果这个想法正盘旋在决策者的脑海中，他很可能就会拿出半个小时来听听看，或许他也还有一些疑问。但无论结果如何，约翰已经采用了对客户有价值的交谈方式来介绍自己和他的公司。

是不是所有的人在听到第二次电话时都会同意约见呢？当然不是。不过，你拨打的电话又不是只有一家，只要你按照名单坚持拨打下去，相信最后愿意约见你的客户数还是会非常可观的。

无论你选择哪种策略和方法，你都需要让客户切身感受到价值。虽然客户只有在签约后的产品和服务中才能得到实质上的价值，但从现在开始，在同客户初次约见的时候，你就需要学会向客户推销产品或服务的价值。

万事开头难，只管开始打电话邀约吧！

如下5大电话约见的催化剂有助于你提高电话约见的成功率：

1. **直击热点事件**：事态变化催生需求。热点事件就是近期发生的与客户公司有关的事件。热点事件可以是企业兼并、重要的人事任免、遭遇新威胁或发布了新战略等。你要经常寻找这些热点事件的线索，你可以通过谷歌来挖掘与潜在客户有关的热点事件。

2. **研究**：如果你在拨打电话前就做了一些功课，研究了客户的情况，你是真心想要帮助他们，而不是随机选择客户。你只有表现出对客户有兴趣，才能够传达以客户为中心的方案以及你会努力工作的决心。

3. 推荐人：如果你是在有推荐人的情况拨打的电话，那么你就要在电话中尽快提到他的名字（最具影响力的那个人）。举个例子，如果你说："贵公司首席运营官吉姆·史密斯建议我和您联系。"听的人一定会继续听下去，因为他不希望吉姆知道他居然挂断了电话。

> **延伸阅读**
> Rainmaking Conversations
>
> ### 通过推荐人挖掘客户
>
> 如果客户在电话中这样对你说："听起来还可以，不过这事儿你还需要与简·约翰逊谈一下……你给她打个电话吧。"此时不要急着接受他的推荐并立马挂断电话，继续问一句："那么能否请您给她发个邮件，说明一下情况，好让她知道我给她打电话的原因？"
>
> 如果对方说"好的"，这就等于为你铺平了联系简的道路。即使他口头说好而实际上却没做，你也没有什么损失，仍然可以直接联系简。就算他说："不行，你直接打给她好了。"你仍然没有损失什么。他们绝不会说："那算了，别说是我推荐你打的。"
>
> 只是多问一句，也许你就会得到一切，即使失败了也不会有任何损失，何乐而不为呢。

4. 社会认同：要为自己的公司创造一个社会认同的公司形象，比如你可以将自己公司的名字同世界 500 强企业或客户行业的重要竞争对手或本地威望较高的公司联系起来。知名公司容易唤起人们的思绪，会让客户认为你处在一个正确的圈子里。切记，你提到的公司必须是能提升你形象的，绝不能是臭名昭著的公司。

5. 经验：你应该尽快让客户知道你在某个领域工作的时长及你主要

的背景。如果你工作有一段时间了，这至少可以让别人知道你不是新人。尽可能地展现你在具体行业或具体情景下的工作经历，正如在前面的案例中所说的："过去12年来，我们主要协助家族企业……"

以上所有我们推荐的策略和方法都有效，但不是绝对百分百的有效。你依旧可能会遭遇客户的抗拒，因为你打扰他们了，他们正想着其他什么事情呢，而且他们也不认识你。如果你最初试图捕获他们注意力的方法没达到预期的效果，请不要把对方的第一反应"我不需要，谢谢，我没兴趣"这样的话当作放弃的理由。因为即使他们回绝了你，你还是有很多办法可以补救，所以，最重要的是不要马上放弃。为此，你还需要进一步完善下一阶段的交谈技能。

电话邀约中最常见的回绝如下，我们还将为你示范可以扭转乾坤的思路和方法。

回绝1：我没有兴趣

客户：我没有兴趣。

销售人员：好吧，不过我想知道，我要如何说这个事儿您才会有兴趣呢？

客户：怎么说都不行。真的。

销售人员：那您看我理解的对不对，您不是对这个话题没兴趣，而是对现在谈这个事儿没有兴趣，因为您现在心里想着别的事儿呢。

客户：对了，你说对了。

销售人员：那好吧，我们现在不谈了，不过，我的建议其实对您公司营销的改善还是非常有帮助的，您就是负责这个方向的，对吗？

客户：没错，就是我。

销售人员：好吧，其实我们合作过的一些公司早先也没有想到电子邮件营销确实能够提升至少 10% 的效能，机会总是有的。无论如何，我认为您还是可以从我们的交谈中获得一些价值，因为我将与您分享我们帮助这些公司（列举行业老大的名字）如何提高绩效的研究成果。我们可以另找一个时间当面聊聊吗，您看周五下午两点还是三点比较合适呢？

客户：好吧，那周五下午两点再说吧。

回绝 2：现在时机不合适

客户：现在时机不合适。

销售人员：您说的"时机"是指现在谈这个事儿不合适，还是增加公司的销售业绩还不是首要目标？

客户：两者都有。

销售人员：为什么呢？如果真是这样，说明公司不需要增加营业额，那肯定有原因的，那是什么呢？

客户：噢，不是，我们当然想提高营业额，不过现在临近企业重组，所有的焦点都集中在合并这件事上。

销售人员：您的意思是两个销售团队的合并吗？我在你们网站上看到了，这确实是一个原因，合并真的是一个挑战。

客户：当然了，我们还处在合并的情绪中，还没调整到行动的状态下。

销售人员：我能够猜到是一个销售团队仍在原来的片区销售，另一个也一样，对吗？也许还有其他的问题影响到销售人员的心情，比如内部分工还不明确等。

193

客户：是，不少事儿呢。

销售人员：其实，我们的业务核心之一就是销售团队的整合与兼并。两个销售团队合并到一起，就如同将可乐与牛奶混在一块，出现两股力量是很正常的，我们就曾经扭转过这样的局面，需要我现在跟您详细展开吗？（暂停片刻）

客户：好吧，不过现在还不是时候，这周晚些时候再说吧。

回绝3：我们已经有供应商了

在这种情况下，客户比较常见的回绝是："我们现在已经有供应商了，他们做得还不错。"

如果你和大多数销售人员一样，你就会礼貌地说："好的，抱歉占用了您的宝贵时间。祝您愉快！"因为客户已被竞争对手锁定，你就会直接把他标注为"无需求"，然而转向下一个潜在客户。

在《客户如何购买》研究报告中，我们考察过一些不同的行业，研究客户更换供应商的情况。研究发现，除非客户感到"非常满意"（5分），他们对更换供应商通常都是保持开放的，见图13.2。

这意味着，即使客户对供应商非常满意（5分）的情况下，你还有机会与43%的客户签约并拿下订单。

如果客户提到他们已经有供应商了，就是你的竞争对手，那其实是一件好事。这说明他们确实有需求，也看到了产品或服务的价值，而他们曾经就购买过类似的产品或服务。

而你的工作就是要在客户那里播下种子，让他充分感觉到与你合作可能带来的好处，你有3种回答方式来应对这类回绝。

1."太好了。我想知道，您觉得什么样的关系才能促成良好的合作呢？"这从一个无威胁的层面来提醒客户意识到应该评价一下现在的供应商。这也可以诱发客户开口谈过去的合作，然后，你就可以在回答的基础上进一步展开新的探求，找到客户现有供应商可能存在的不足，等到客户说了一点之后，你还可以多问几个"我想知道"之类的问题。

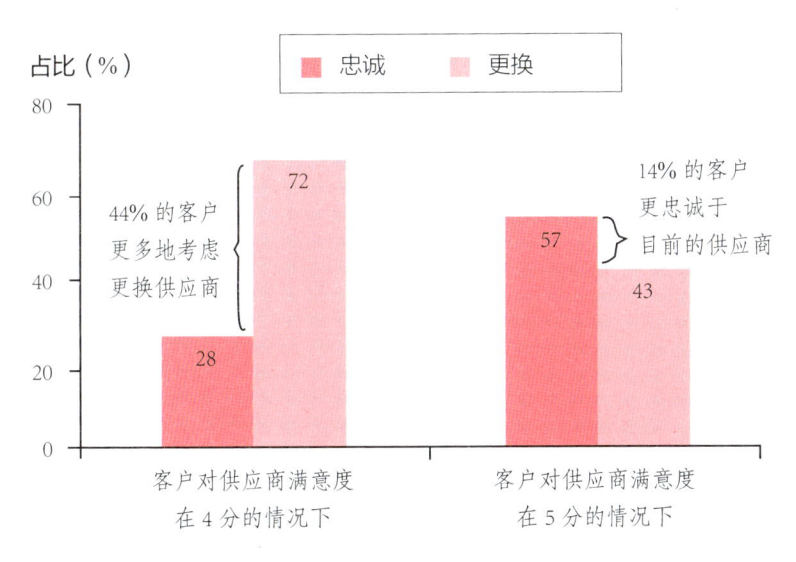

图 13.2　不同满意度下客户的忠诚表现

比如你销售的是银行系统的网络及数据安全技术和服务，你就可以这样说："太好了，我想知道，如果临时出状况了，他们有 24 小时的技术支援吗？"或者，"我想知道，在合作期间，他们是否会为你们提供颠覆整个银行业发展趋势方向的最新研究报告吗？"或者，"我想知道，他们能否为你们提供实时的网络攻击动态侦测与防范技术？"只要有一个问题得到了客户否定的回答，你的机会就来了。

如果你这样提问："上个月你们与现有供应商的月度总结会主题是什么？"多数情况下，客户会这样回复你："我们没有月度总结会。"这就给了你一个机会向客户展示，如果与你合作会是什么样，以及会有哪些差异。

2."听起来他们的服务还不错,不过您还没有用'优秀'这个词来形容他们的服务。""按照您的标准来看,一个'优秀'的供应商应该怎么做呢?"这类问题可以引发潜在客户认真评估现在的供应商,也许他们还没有达到客户的期望,也许客户会转而思考,如果与你合作会是什么样呢。

3."很高兴得知你们一切顺利。我对你们的流程不熟悉,不过我认为,多一个选择总是好的。如果下一次你们还有类似的需求,我们很愿意为您提供另一种想法和方案,至少您能比较一下两个不同方案的价值,说不定我们能为您的方案做出一些改进。"当你尝试为客户提供你的方案,哪怕作为备选也是能够促进关系的,客户会被你打动,觉得你是真正以客户为核心的,并感受到专家的风范。

所以,即使客户已经有供应商了,你也要尝试与他持续建立关系。记住,43%的客户都会考虑在一年或两年的时间内更换他们的供应商。如果你早早地就与他们建立了关系,那么客户在考虑更换供应商的时候,就会首先想到你。同时,你也推动了客户更换的速度,而不是一味地等下去。

语音留言,留还是不留

在电话营销中,讨论得最热烈的一个话题就是要不要给客户语音留言。争议中总有这样的说法:"没有人会回复电话的!"或者"如果我留了言,我就不好意思一次两次地给人家打回去了",或者"我的留言时间不能超过5秒钟,太长的话他们肯定会马上删掉"。

除了需要有真正吸引人的东西并直击重点之外,成功的语音留言可以遵循我们在上面介绍的挖掘客户的6大策略。为了更加直观,请参考下面的示范案例。

示范 1：列举成功案例

名字：汤姆，我是杰克·费雪。

企业名称：我是拉托战略公司的。

诱发兴趣：看了贵公司网站上近期的发布会，我们刚完成一个行业标杆研究报告，给出了降低成本的关键要素，并能够加快临床实践，这个报告将影响行业的……

要求约见：我们应该聊一下，周三下午两点，只要 15 分钟，请致电 555-555-5555 或回复邮件到 bseller@raptorstrat.com。期待与您面谈。

示范 2：开门见山

名字：汤姆，我是杰克·费雪。

企业名称：我是拉托战略公司的。

诱发兴趣：从高等教育期刊上得知，您刚被聘为特莱顿学院的副总裁，我这里有些近期协助州立大学筹款的方案，大约能够提高筹款 15% 左右。

要求约见：我们应该聊一下，周三下午两点，只要 15 分钟，请致电 555-555-5555 或回复邮件到 bseller@raptorstrat.com。期待与您面谈。

示范 3：全新想法

名字：汤姆，我是杰克·费雪。

企业名称：我是拉托战略公司的。

诱发兴趣：我正在看贵公司的网站，看到新闻发布一栏中，你们正在寻找任何可能的方法来创新，我们已成功帮助很多企业实现了商业模式创新，因为我们的工作之一就是激发组织创新能力……

要求约见：我们应该聊一下，周三下午两点，只要 15 分钟，请致电 555-555-5555 或回复邮件到 bseller@raptorstrat.com。期待与您面谈。

示范 4：与众不同

名字：汤姆，我是杰克·费雪。

企业名称：我是拉托战略公司的。

诱发兴趣：贵公司网站上有招聘销售人员的广告，我们曾经协助思科公司将新销售人员的成长周期降低了 50%，采用的是全新方法……

要求约见：我们应该聊一下，周三下午两点，只要 15 分钟，请致电 555-555-5555 或回复邮件到 bseller@raptorstrat.com。期待与您面谈。

示范 5：开篇第一步

名字：汤姆，我是杰克·费雪。

企业名称：我是拉托战略公司的。

诱发兴趣：听说您一直想认识波士顿商学院的院长，现在联系您是想邀请您出席在波士顿科普来广场举行的一场晚宴，届时波士顿商学院的院长也会参加……

要求约见：我们应该聊一下，周三下午两点，只要 15 分钟，请致电 555-555-5555 或回复邮件到 bseller@raptorstrat.com。期待与您面谈。

示范 6：请求帮助

名字：汤姆，我是杰克·费雪。

企业名称：我是拉托战略公司的。

诱发兴趣：联系您是因为我可以为您提供一些有价值的东西。我们和 400 家 IT 公司合作，完成了一项有关网络攻击动态监测与防范的研究报告。我想贵公司的 IT 部门应该会有人感兴趣。请您帮我推荐一个负责人，直接回复我的电话 555-555-5555 或发邮件至 bseller@raptorstrat.com。

给客户留言后，你还是可以继续打电话，顶多第二次不再留言。并不是你周二留言了，就意味着周四不能再联系，只要你不是每天都留言就可以。

如果你已经留言了几次，也发了不少电子邮件，但还是没有回复，那就尝试一下逆向刺激吧。你可以这样说："汤姆，我是杰克，上次我给您打了电话并留了言，想知道您是否有兴趣和我探讨您的同行企业降低成本的最佳实践数据。这些企业采用了 4 项不同寻常的策略，创造了比其他公司高出 35% 的业绩，绝对令人惊讶。如果这次您还是不回复我的留言，就说明您确实没兴趣，这将是我最后一次拨打您的电话。如果您想跟我谈，请给我回电（报上你的号码），或发邮件告知（报上你的邮箱地址）。"

克服"电话销售恐惧症"

一份超过 4 000 个销售人员参与的研究报告指出：33% 的销售人员在初次联系潜在客户时有过"职业受限恐惧症"。报告由西南心理学会行为科学试验室和拜尔大学汉卡姆商业学院共同研究，在 2004 年年度大会上发表。研究还指出，一旦开始按照名单邀约客户，打了一段时间的电话后，97%的销售人员都克服了电话销售恐惧心理。

20世纪80年代初期，美国毒品问题泛滥，南希·里根提出了一个解决方案——"只管说不"。对某些人来说，这个办法也许奏效，但对大多数人来说，改变现状往往需要付出极大的努力，绝非"只管说不"那么简单。而对毒品上瘾者来说，"只管说不"则无异于对着一个无家可归的人说"想要房子你就买吧"。这是无效的！

但这里有个好消息：对于电话销售恐惧症，"只管说不"真的有效！

对于那些对电话销售具有排斥和恐惧心理的销售人员，我们的建议是：只管开始打电话吧！万事开头难，只要你成功地拨出了第一个电话，你就能毫不费力地打出第二个。

只管开始拨号吧！请访问：www.rainsalestraining.com/booktools 下载更多挖掘潜在客户的陌生电话呼叫清单，可以帮助你规划行动，锁定邀约。

第 14 章

客户异议，
背后的弦外之音……

销售人员有时候会无视异议，只因为他们有一对"只听好话"的耳朵吗？

当客户对价格提出异议时，是否只是因为"每次都能得到降价"这个惯性使然？

零商业银行经验的公司打败了有着雄厚商业银行背景的竞争对手，成交背后隐藏着什么样的玄机？

> 企业应该从市场驱动型转变为驱动市场型。至少也要让准客户对你的拜访感兴趣才成,这是约见的基本原则。
>
> 现代营销学之父菲利普·科特勒

除非你超级幸运,遇到的客户都完全明白自己的需求,完全认可你提供的价值,毫不犹豫就和你商讨签约事宜,彻底配合你的销售流程,并把你列为首选供应商,不然,你就得学会在 RAIN 模式沟通中应对客户提出的各种异议,比如:

- ◎ 我很欣赏你说的,不过我认为在我们这里行不通。
- ◎ 有关你说的这个部分,我们已经与另外一家在合作中了,他们能够满足我们的需求。
- ◎ 我们公司还有很多事情需要处理,目前还无法考虑合作。
- ◎ 价位是多少?我们目前讨论的是购买你们的软件,并非买你们整个公司。
- ◎ 我们也在和其他公司谈,他们的报价可比你们的低多了。
- ◎ 我们的供应商都是本地的,我们从没想过要和 800 公里以外的供应商合作。

面对类似这些话的时候,许多销售人员就会开始惊慌失措,进而导致漏洞百出、忘记流程,最终把合作搞砸了。

更糟糕的是,销售人员有时候会无视异议,因为他们有一对"只听好话"的耳朵,他们不想听到异议,所以就自动将异议排除在外,可是在客户那里,异议仍然是客观存在的啊。

有些销售专家建议,面对异议时,你可以选择转移话题、绕开它、反驳客户或直接回避。你可以采用现成准备好的说辞,也可以采用一贯的招数,林林总总,各种方法都有:

"我知道您喜欢这个点子的,到底是什么原因让您不愿意现在就尝试呢?投资的费用甚至比周末在酒吧买两杯鸡尾酒的钱都少!更何况,我们还有无条件退款保证!"

"我很感激您能够耐心等待并愿意和我交谈。现在,只要您能交一点定金,并在24小时内做出决定,我就能为您保留这个折扣价。我敢肯定你们老板绝不会错过这么好的折扣,如果他是你的话,你也不希望他错过这个机会。仅仅10%的定金,我们就能为您保留最优惠的价格,您看可以吗?"

在客户冲动购买的情况下,敏捷机智的反驳和机会诱惑的方法可能会有效。但是,在复杂的销售过程中所产生的异议远远不是伶牙俐齿就能解决的。在这一章中,我们汇总了各种异议,以及异议背后的弦外之音,我们将谈到异议的分类,并提供5个应对异议的步骤,让你最终赢得客户。我们还会重点关注价格异议,教会你一些高级的技巧,连同客户隐藏的异议也一并消除。

异议是客户明确地表达出来现状和购买前需要满足的需求之间的障碍。异议是一种明确的信号,它提示你在销售上还要做更多的工作。

是的,异议的确是客户决定购买的障碍,但也是一种购买的信号。

异议表明客户正在积极参与。之所以会提出异议，是因为他们在权衡利弊的过程中感觉到了某种障碍，这让他们看不到通往成功的路。比如价格异议，它不一定是在说价格。有时候价格异议往往是客户试探你的底线，我们这里所讨论的异议都是标准、真实的异议，而不是把异议当作议价的手段。

你的目标就是用正确的方法应对异议，推进销售签约。你需要时刻想着下面的要点。

1. **亲密始于关系的建立**：在交易型销售过程中，建立关系并不重要，销售人员被教导要不计代价地尽最大可能去克服异议。然而，这种方式对于复杂产品或专业服务就行不通了。如果面对异议时，你不能全方位地处理，导致异议的根本原因就会紧抓着你不放。如果你像交易型销售那样草率处理异议，就好像不把客户当回事儿，你就将失去信誉和客户的信任。所以应该重视客户发出的不同声音，让客户知道你很重视他们，从而更容易建立关系。

2. **异议也有好的一面**：异议可能意味着你还没充分地向客户展现你能提供的价值，还没完全揭示客户的潜在需求，遗漏了一条关键信息，没有向客户描述你的经历，或没能体现出与竞争对手的差异化，也许你背后有着强有力的竞争对手。总之，客户的异议往往说明你在销售交谈中可能错过了一些要点。

3. **很多异议都需要系统的流程来应对，快速答复是不能解决的**。复杂销售经常涉及多个客户，每个客户都有自己的购买标准，有些异议也许只需要你做一个简单的澄清，但另一些异议则往往需要你给客户展示一个强大的案例。在没有明确客户的心理预期时，不要急着解释，而是应该去了解客户真实需求，才能妥善处理异议。

处理完异议，必须回到原话题上

4 种异议类型

异议有大有小，形式不一，但所有的异议都可以被归为四类：

1. **不信任**：客户存有担忧、怀疑或顾虑。他可能对你个人、你所提出的方案或你的公司不信任。他可能担心方案实施失败所需承担的风险和损失。

2. **没有需求**：客户没有意识到或不承认他们有需求。可能你看到了他的需求，但只要他还没看到，你就无法展开销售。

3. **没有紧迫感**：客户眼前没有着火的景象，你也没有建立冲击力，他看不到东西的价值。

4. **没有资金**：客户很明确地说他没有这项预算或筹不到资金。

应对异议流程 5 步法

不管是何种类型的异议，你都可以采用我们的异议应对五步法。

当客户明确表示没有准备好签约的时候，就会给出异议。为了恰当应对，促成签约，你应该贯彻下面的五步法。

步骤 1：倾听

将异议听完，不要打断，不要插话。克制自己不要立刻开始反驳。给自己一点时间，深入思考一下，客户脑海里想的到底是什么。

面对反对意见的时候，你会本能地立刻想要辩解，因为你不想看起来像无话可说的样子，于是就会出现打断和插话的情况。然而，一旦你开始辩护，你说的话也将充满敌意，肢体语言也会表现出辩护的姿势，你的声音听起来更像是吵架，而不是合作和坦诚。

每次听到客户说"我有几点顾虑"的时候，你就要意识到，异议就要来了。深呼吸，强迫自己专注于倾听。

步骤2：理解

客户表达出来的异议通常不过是客户的真正心态。你的责任就是要找出阻碍成交的核心原因。征求对方的允许以继续、重申对方的异议，然后多问几个问题，从而全面地了解对方迟疑的理由。在继续提问前征求对方的同意，就是在告诉客户，你尊重他的顾虑。向客户说明你希望和他共同面对这个问题，这也将减少客户因任何误解而导致的敌意。

同客户的交谈或许可以参考下面的模式：

客户：我现在没有时间，手上的事儿太多了。

销售人员：您不介意我再多问几个问题吧？（征求同意以继续）

客户：你问吧。

销售人员：您说您现在要处理的事情非常多，也就是说，眼前这个需求不在您的优先选项上，对吗？（重申对方的异议）

客户：不是的，那不是我的意思。眼前这个需求是重要的，但我手里的资源有限，没有足够的人力跟进和落实这个事情。

销售人员：所以，这件事对您来说还是很重要的，但您主要担心的就是，如何在不给您团队的成员施加更多压力的前提下，妥善安排好这件事，对吗？（表示理解）

客户：对的，这就是我的意思！

有时，当你重申客户的观点时，客户也有机会更全面地看到他自己的问题。结果，你就更接近异议的真实原因，确保你真正理解了客户的异议。即使客户说"没错，我就是这个意思"也不要停下来，你还应该想办法找到推进的机会。你可以缓和一下，接着再问：还有其他的吗？

- 还有其他的因素影响决定吗？
- 还有其他的因素困扰您吗？
- 还有其他什么因素阻碍项目的推进吗？
- 您还有其他的想法吗？

多数情况下，在回答"还有其他的吗"的时候，客户会揭示出来其他影响销售推进的障碍。

如果异议是主要障碍，你还可以询问"为什么"。在这种情况下，你也许会发现自己花了相当长的时间试图解决问题，但是，这一切都取决于你与客户的关系是否牢固。如果你能投注一些时间帮客户解开心结，你终会成功签约。

步骤3：响应

一旦你听明白了，也找到本质原因了，就可以进入响应阶段了。你要坦诚地回答问题，绕圈子又含蓄的快速回答会显得不够真诚。总之，不要反应过度，从而失去良好的氛围。

在响应这个阶段，你应向客户表明你想克服异议的决心，确切说明你将如何移除障碍。

销售人员：根据我们探讨过的，您主要担心的就是目前人员负责的项目已经较多，不能继续追加额外的工作量，其实，对于启动项目来说，不会占用多少额外的时间。如果仅仅是这个因素的话，您过虑了。

客户：也许吧。

销售人员：您觉得这个项目启动后，要占用员工多少额外的时间呢？

客户：嗯，很多吧，不是吗？我想1周至少要耗费2个人10个小时，而且每周都会持续下去。

销售人员：很高兴我们有机会深入讨论这个问题，您估计得对，不过那只是第1周的情况。之后，只需要每周1个人，占用3个小时。这样的话，您是不是就可以考虑了呢？

客户：当然，要是这样，那就不是问题了。开始运行后，真的能够确保每周3小时的工作时间吗？

销售人员：这里是与我们合作过的客户报告，您可以与我们的其他客户交流这个情况，问问他们到底需要多少额外的工作时间。当然，您问他们什么都可以，事先了解下情况也是应该的。

客户：好的，那我了解一下。

步骤4：核实

核实，就是询问客户你的答复是否让他满意。

"与我们的其他客户交谈后，您了解到每周工作的小时数了吗？这能够解除您心中的担忧了吗？"

"是的，解决了！"

如果客户还在犹豫，不要放弃。因为你还没有将客户的其他问题解决完。同样，不要期待立刻得到答复。有时客户会说"是的，没错"，你就可以观察他的肢体语言，听语调，由此分辨出客户是否还有其他疑惑，洞察客户没有说出口的话。

很多时候，他口头上说"是的，没错"，但也许心里想的却是"现在还不想进一步谈这个"或"无论怎么样，我还是得先考虑其他的事儿"。

这时一切就要取决于你了，你可以说"我理解了，不过听起来，您似乎还没有完全满意，或者还没有完全解除您的疑惑，请问还有其他什么令您担忧的吗？"如果客户冷淡地回答"是啊，还有"，那么你现在就不要急于尝试签约了，而是应该回到计划书的筹备阶段以及展示阶段，因为你已在销售过程的早期遗留了一些异议还没有解决。

如果客户的回答比较真诚，而且充满期待地说"是的，都解决了"，这时候你就可以着手与客户签约了。

步骤5：坚持

在很好地回答了客户的异议之后，如果你感觉客户已经接受了你的解决方案，你就需要重新回到异议出现前的话题上。任何时候再出现异议，你都要再次运用五步法，有效应对后，再回到原来的话题。RAIN模式提供的五步法框架要求销售人员在处理完异议后，必须回到原来的话题上，才能推进销售，继续完成签约任务。

如何应对"现在主要是价格问题"？

资金与预算是陷阱，其实它们从来都不像客户表面上说的那样，客户并没有把真实想法说出来。当客户说"现在主要是价格问题"的时候，其实背后有多种可能性，表14.1列出的几点都有可能是隐藏在价格后面的真正原因：

209

表 14.1　隐藏在价格异议背后真正的原因

客户对价格的异议	客户所说	客户所想
诚意委婉	价格太高了，你们可以降价吗？	每次要求降价都能实现，这次应该也不例外，只管提要求就行。
虚张声势	我们没有这么多钱，必须要降价。	其实资金是有的，但我想看看到底能降多少。
挑战价值	成本太高了，价格是主要问题。	为什么我们要花这么多钱，看起来不太值。
用竞争对手施压	你们的方案同别人相比没有竞争力。	1.实际情况就是这样，我们会找出差异对比的。 2.实际情况就是这样，所以我想给他们压压价。 3.其实没这回事，就是说说。
预算受限	价格是个问题，因为这不在我的预算内。	1.确实是这样，我们想看看怎样才能解决这个问题。 2.确实是这样，所以我们需要给他们压压价。 3.其实不是这么一回事，但我们想给他们施加一些压力。
把价格问题推回给销售人员	价格太高了，如果你们给我一个更低的价格，再联系我吧。	1.他们在虚报价格，他们一定会回来找我并让价的。 2.也许那是实价，但我还是希望他们能给我低一点的价格。
用价格问题掩饰非价格异议	价格是主要问题。	目前还有太多的问题，先用价格把他们先挡回去。

同时，应对客户的价格异议时，要注意如下几个方面。

1. **不要轻易让步**。千万不要立刻就接着反问客户，"您能接受的预算是多少呢"或者"让我看一下是否能给您降价"。你不要给客户传递出一种你可以商量和让步的感觉。你要遵照本章开始的套路，在没找到真正的核心异议前，必须努力找下去。

2. **注意措辞**。价格异议并不一定就是质疑公司的价值，也并非针对个人。有不少销售人员将价格异议看作是在针对自己。面对价格异议，也许你想跟客户说，"一分钱一分货"或者"这个价格就反映了这个产品的价值，一分都让不了"。不要不经考虑就开始反驳客户的价格异议。这时候，精妙的措辞和耐心往往比伶牙俐齿更有效。

3. **不要对客户的价格异议置之不理**。经常听到销售人员说："如果客户讨价还价，干脆就不理他！将来要与他维护关系的成本很高，长远来看不值得。"这并不对。客户对价格有异议这可能涉及多种因素，你不能因此就觉得他不是容易合作的人或者就注定不是好的客户。

4. **聚焦价值**。假设用 FAINT 标准衡量，这是一个合格的潜在客户，那么他肯定有办法筹足购买的资金。如果用 FANIT 标准衡量，他不是合格的潜在客户，那你就找错客户了。通过聚焦价值，你就能及时纠正在销售早期可能忽视的一些错误。如果价值不是问题（即客户看到了签约的理由），你就可以继续去寻找客户提出异议的真正原因。

5. **询问客户哪个部分可以不要**。很多销售人员在遇到多次价格异议后，很容易就被诱导，从而做出让价，尤其是在面临大单的时候。他们的逻辑是，如果是 12 万美元的单子，让掉 1 万美元，还有 11 万美元呢，总比什么都拿不到要好。于是他们就让价了。然而，如果重复业务对公司来说非常重要，这样让价拿单通常是很危险的，因为将来每当合同续签时，你就会不断地陷入"降价"的游戏怪圈中。

因此，如果一个12万美元的单子是由5个部分组成的，销售人员就可以询问客户认为哪个部分不需要，然后对每个部分进行重新回顾，如果客户最终意识到5个部分他都想要，你就不需要让价。而对每个部分的重新回顾也能够强化其对客户的价值，这样，回顾后的价格将看起来更加合理了。

也许客户最后就选择了5个部分中的3个，那说明客户确实是受到了预算的限制，只能缩小采购合约的金额。这时你应该签约，将来，你随时还可以再找客户谈另外两个部分的条款。

6. 应对竞争对手的挑战。当客户说"别的供应商报价比你低"，你就要追问低多少，然后提醒客户考虑不同价格的东西未必是同样的产品，最后再询问客户为何还没有与报价低的供应商合作。客户可能会告诉你为什么他更愿意与你合作，这时你就可以跟他说，这些原因正是你无法做出让价的理由。

7. 避免将成本结构透明化。当客户想知道为什么价格这么高的时候，经常会问你成本是如何组成的。举个例子，假如你的公司销售价值6万的硬件技术，有些客户就会问这个价格是怎么来的。然后销售人员拿出成本构成表，逐条解释每个硬件的价格，安装耗费的时间。这样做无异于将业务的所有细节都暴露给客户。试想一下，如果你在买车时还询问排气管的成本是多少或仪表台多少钱，你肯定会遭到嘲笑。同理，你也不能对客户公开你的产品成本构成，因为那是商业秘密。

8. 财务规划与付款账期。很多客户犹豫不签约的原因是付款条件。虽然资金是主要问题，但如果能宽限账期，也能成功签约。许多公司都有能力安排财务付款账期，但有时候确实会遇到资金周转困难。与我们合作的一家安全技术公司，我们就通过培训他们的销售团队理解并使用长期租赁业务，最终实现了销售额高速增长。而早期的销售人员并不理解，他们说，这等于忽略了价格标签上的明码实价。

如果你能遵循上面的规则，在应对一些可克服的价格异议时就有了方法依据。记住，总还是会有一些价格异议是无法克服的。如果客户就是想要压价或不愿意多付钱，你只有几个选择。你可以跟他一口价，要就签，不要就放弃。客户有时会回来，有时不会回来。销售工作就是这样。如果客户真的是因为资金的问题而无法签约，而你又对他们的财务无能为力，也就只有弃单了。

抢在客户之前将异议提出来！

这里我们需要明确界定一下异议。异议是客户明确地表达出来现状和购买前需要满足的需求之间的障碍。有时候，异议是存在的，但客户还没有明确地表达出来。

如果你能感觉到客户还有难言之隐，如果你想在客户自己提出来之前就有效地处理他的困惑，最好的办法就是你替客户说出来。抢先占据主导地位能有效削弱客户自己提出异议时的力度，也更容易彻底消除异议，通常情况下，这样做也能有效削弱竞争对手的明显优势。下面就是使用这一办法取得成功的最好证明。

多年前，我们曾协助过一个公司签下一家商业银行的合约，他们递交了招标书。当时，这个公司在银行领域的经验还不丰富，尤其是商业银行，他们几乎是零经验。而客户已经明确指出，供应商在商业银行领域的经验非常重要，要求在他们在招标书中明确注明银行领域的背景和经验。

我们协助的这家公司最终进入了前三强，因为内部委员会对他们提交的标书有极大的兴趣。然而，参与竞争的另外两家供应商都有着雄厚的商业银行背景，且客户众多。如果这三家公司最终将在银行领域背景上竞争的话，我们协助的这家公司无疑会被淘汰。

  因此，我们建议这家公司直截了当向客户指出这一点，不要等到会谈的时候由客户正式说出来。我本人参加了那次会谈，以下就是会议的全过程。

  我和萨拉（这家公司的销售人员）走进了会议室，在场的还有10位资深银行家组成的最终供应商甄选委员会。我们开始展示方案，并与委员会成员进行了充分的交谈，一切都很顺利，没有人提到商业背景不足的问题。

  会议就要结束了，萨拉发言："在结束前，我还有一个问题要说。"

  委员会："好的，什么问题？"

  萨拉问道："为什么没有人问到我们在商业银行领域背景不足的问题呢？"

  委员会成员都笑了，其中一个人说："那你们在商业银行领域背景不足是怎么一回事呢？"

  萨拉说："能否介绍一下你们真正关心的问题是什么呢？为什么如此看重商业银行领域的背景？"

  他们解释，因为他们面对的是大众市场，因此最后甄选出来的营销公司必须懂得如何应对不同领域的差异化。

  萨拉接着问："还有哪个领域与你们遇到的情况类似？"

  委员会："噢，当然有。比如财务公司，他们总说'我们不一样'，但我从来没发现他们有什么不同。"

  "许多技术公司的产品和服务也是类似的，数据库、服务器、线缆和安全系统等都差不多。"

"还有保险公司！"

"建材公司！"

"律师事务所也是！"

"还有楼下大厅的消费银行！"

"对，还有工业设备公司！"

"清洁公司！"全场都笑了。

最后萨拉说："正是这样，在商业领域，所有这些行业我们公司都有过成功的合作。我们公司内部的专家分布在各个不同的领域，比如在清洁领域，他们可是顾问，不过那都是好几年前的事儿了。"现场有了更多的笑声。

最终，这家公司成功签下了合约。在没有商业银行背景的劣势下，他们仍然以少量的优势战胜了其他两个竞争对手。不过，开始合作后，他们在商业银行领域的背景不足也很快就不再是劣势了。

如果你也不想让竞争对手占去了优势，就应该抢在客户之前将异议提出来。不要以为没人提出异议就表示异议不存在，虽然你在提出可能存在的异议时（销售中总会产生异议）承担了风险，但只要你在竞争中不是处于绝对领先的位置，冒点风险通常都是值得的。同时，你的诚挚和坦率也能赢得客户的心。他们都很欣赏这一点。

许多销售人员视异议为拒绝或不友好的信号。这种态度是绝对处理不好异议的。如果客户说他不喜欢鸡蛋与火腿，通过仔细思考和讨论发现，只要你给他加个包装盒，或用狐狸肉做成火腿，也许他就会喜欢了。

第 15 章

处处为客户着想，但必须拿到合约！

为什么 80% 的购买行动都是在 5 次拜访后决定的？
成交的关键在于提问，怎样才能将陈述句变成诱导提问？

> 如果你想要成为一名伟大的销售人员，就要当其他人都在说"放弃吧，你已经够努力了"的时候，再努力一次。
>
> 克林顿首席谈判顾问、《优势谈判》作者罗杰·道森

所谓的"成交技巧"其实就是一个替罪羊。看看周围，你会发现铺天盖地的文章全是在讨论常见的成交技巧。然后就是痛斥这些技巧的文章，指责其操纵性。在某处，你会读到这样的内容：

"你将学会使用3步成交法、假设式成交法、日常开销成交法、选择成交法、本·富兰克林成交法、香蕉成交法、101项成交技巧等。"

而在另一处，你又会见到这样的话：

"不要使用这些成交技巧！它们只会让你们双方都自贬身价！"

绝大多数情况下，他们还真说对了。

如果你是发自内心地想帮助客户取得成功（本来就该这样），并且希望强化与客户的关系（每次见面都是强化），那么就不要使用任何技巧

来引诱别人采取行动。一旦客户感觉到你的伎俩，就再也不会信任你了。这样做不但对你、对客户都不好，而且对整个合作也不利。

任何一个重视客户关系的销售人员都知道，失去信任是非常严重的损失。所以，酷爱成交技巧就好比酷爱超速罚单。不过，很多销售人员都热衷于打磨自己的成交技巧。

事实上，成交技巧本身没有任何错误。

回想一下，多少次你已经感受到了下面的情况，最后却仍然丢单了。

- 你理解客户的所有情况，他的业务难题，他的痛点和渴望。
- 你能够提供满足客户需求的解决方案，方案优于竞争对手。
- 你与客户的关系非常密切。
- 你坚信如果客户选择了你的产品或服务，他一定会满意的。
- 采用你的方案确实可以解决客户的问题，效果显著。
- 客户通过与你合作得到的价值完全值得他投资。

你丢单的原因有多种可能，也许是因为客户与竞争对手成交了，或者客户说要先在内部讨论一下再说，或者他目前还不打算签约，客户难免会因为某些原因没有成交。

无论是哪种原因，总之，你丢单了。

▶ RAIN Tips

销售的过程比销售的产品或服务对成交的影响大。

就算运用一些虚假伪装的成交技巧也多半不会有多少帮助，不过，有些办法或许你还是可以尝试一下。

如果你想最大可能地拿到订单，你需要：

◎ 理解成交的真实含义。

◎ 为成交做好铺垫。

◎ 用恰当的行动促进成交。

关于以上3点，我们将在下文中逐条展开。

销售的两个硬道理：卖出去，卖上价

虽然你对自己销售的产品了如指掌，但对客户来说却往往不是这样。他们对你所知不多，对你所提供产品的技术、方法、市场竞争力、口碑及你的解决方案等可能都是一知半解。他们也同样担心风险：你的产品真像你说的那样好吗？这真的是我们需要的服务吗？它能产生你说的那种结果吗？万一中间出问题了怎么办？这是正确的决策吗？

人们总是把"成交"的概念同操纵性成交技巧混为一谈，其实，这两者是不同的。

成交的定义：用一系列的销售行动确保得到客户的承诺，促成签约。

成交技巧的定义：通过操纵迫使客户做出决定。（引诱胁迫）

关于成交，你需要了解以下几点：

◎ 如果销售的是复杂的产品和服务，客户需要你帮助他透彻理解产品和服务的构成部分。

◎ 客户需要决定是否购买产品或服务，否则你会停滞不前。没有决策，或没有合作，就没有签约！

◎ 每个客户在做决策时都有他自己的一套流程和衡量标准。如果你无法满足他的流程和标准，你就只有停滞不前了。记住，先

第 15 章 | 处处为客户着想，但必须拿到合约!

从买的角度思考，然后才是卖。(参考 RAIN 模式原则 4)

◎ 如果你是发自内心地认为，与你合作能使客户的利益最大化，你就应该尽最大努力促成签约，帮助客户做出最好的决策。

◎ 签约有风险，销售有风险，早晨迈出家门也是有风险的。虽然有些成功的销售人员不需要做决策，也不需要表达立场，但大多数销售人员都不得不在特定情况下向客户提建议，并说服他们采取行动。如果你选择回避风险，不站出来声明自己的主张，你就会丧失签约的机会。

如果你知道向前推进对客户有好处，你能够提供帮助，而你的方案毫无疑问能帮助客户，那么，你就应尽自己最大努力促成成交!

▶ RAIN Tips

没有成交，谈何销售？对于任何一个销售人员来说，无论过程多么艰辛和完美，倘若最后不能拿到订单，其结果也会以失败告终。对于一个企业来说，只有不断成交，才能促进资金回笼，赢得企业的良性发展。成交是销售的终极目的，也是企业生存的命脉。在销售活动中，永远都只有两个硬道理：第一，卖出去；第二，卖上价。

按清单整理出手中的王牌

个人关系与商业关系有很多共同点：有的发展快，有的发展慢，有的关系是永久的，有的关系是暂时的，有的关系在第一次约见后就断了。

但任何关系都有两面性，下一步如何发展取决于需要、要求、前提条件以及双方的选择。下面各个条款中，你符合得越多，最后成交的可能性就越大。

221

◎ RAIN 模式以及促成合作的基础：

营造了融洽的气氛，在销售过程中，已尽最大可能同决策者建立了良好的关系。

客户的痛点与渴望都已阐明。

对客户需求的满足有足够的冲击力。

解决方案能够解决问题。

对于客户购买产品和服务后所带来的积极影响，销售人员能够勾勒出一个全新的愿景。

◎ 用 FAINT 标准衡量该客户为合格的潜在客户。

◎ 采购流程得到了理解和明确：

你了解客户的决策过程。

你了解初次会谈到最终决策的完整采购时间框架。

你知道谁是关键的决策者，及时会见了他们，且解决方案得到了认同。

你深知客户的决策标准——包括客户个人的标准及客户所在组织机构的标准。

◎ 额外加分的要素：

客户暗示能与你合作或偏好你的方案。

客户明示，公司拿到具体方案后就会做出决策。

客户已经了解价格范围，以及实施解决方案的时间节点等。

客户了解达成合作后，他的位置角色和应承担的责任。

你充分了解竞争对手的情况，竞争差异化已经得到客户的认同。

你发现，客户并不满意现有供应商。

是不是总要提到上述的这些点呢？不一定！比如，有时你可以得知客户偏向你，有时却无法知道，这就需要你随机应变了。

从另一方面来说，如果你还不知道你所交往的客户是否是决策者，从而无法了解客户是否有足够的授权决定与你合作，并且也不清楚合作进展的时间范围，这就说明，客户还没有走到成交的阶段。

在推进成交前，你应按照上述的清单整理手中的王牌，越多越好。

我们只销售一个东西：自信！

促进成交的第一步，就是做好成功的铺垫，确保已经到了成交的阶段。假设你已经罗列出自己的王牌清单，下面就该有所行动了，为你们的关系开启一个全新的篇章。

1. **推荐，不要仅限于展示**。任何情况，挑战也好，解决方案也好，我们销售的只有一个东西：自信。一定要让客户知道，你这边已经全面考虑了所有的可能，你坚信现在就是促成合作的最佳时刻。视具体情况而定，你可以提供一个或多个方案让客户选择。无论如何，你一定要明确推荐一个方案给客户。让他觉得，你的建议值得采纳。

2. **面对面展示，不要仅仅发送方案计划书**。面对面的展示是最佳的，当然，电话讲解或网络视频也是一种流行的选择。不要指望你提交的方案计划书会自己推进销售会谈或成交。

3. **主控异议**。要敢于面对异议，抢占优先权。如果可能的话，在客户开始谈到异议前，你自己先讲出来。你可以这样说："如果我是你的话，我会考虑四种方案来应对眼前的挑战。第一种就是甲方案，有三点原因，分别是……（一条一条列出来）。不过根据您之前提到的选择标准，甲方案就只能被排除了。接着再说其他的……"这样做，你就是在帮助客户进行逐条筛选，最后引导客户排除异议。

4. 明确表示你愿意与他们合作。《客户如何购买》研究报告指出，许多客户更倾向于选择热情十足的销售人员，拒绝消极冷淡的人。有些诚实的销售人员经常担心给客户造成过多的压力，注意，这样一来，客户反而容易将你的低调行为解读成"爱买不买"。多数客户还是更倾向于积极而热情的销售人员。

5. 清楚地与客户沟通下一步的环节。也许你已经指出签字的位置了，但这还不够。你还要告诉客户："下一步就等着您说'合作'，然后就可以签约了。"接下来，安排时间举行一个项目启动典礼或设备组装完成仪式。如果你能清楚地与客户沟通下一步的每个环节，也许客户就会渴望看到那一步，从而促进了签约。

6. 将客户的拖延挡回去。你展示了解决方案，结果客户说："让我们内部先协商一下，再给我们几周时间吧。"你的本能反应也许是："好吧，可以。"千万不要这样，不要允许客户停留在这里，你最好这样说："我们当然可以找时间再谈，不过您将与内部协商什么呢？"然后进一步探查。

或许你会发现，原来客户还有未解决的异议，或许你还没有接触到决策者，或者客户有权决策，但采购部还没有准备好足够的资金。如果是这样的情况，不要立刻接受客户的拖延，你应该当场锁定下次的约见时间。一旦你接受了客户的拖延，你就陷入了需要不断追问客户的处境。所以，你必须尽一切努力主动指引客户，在签约前就安排好一系列行动，而不是一味地等着客户跟你签约。

7. 争取客户认同"追求成功，而不是追求完美"。有时候，合约被搁置是因为客户太过追求完美。如果你发现客户总是不断地在意每一个小细节，那么你应尽快建议他关注重要的步骤，尽快前进，必要的话，你可以稍后再完善细节。取得成功的关键是尽快进入落实成功的阶段，而不是停留在计划成功的阶段。

你可能觉得施加压力会抹杀客户的信任。不妨这样想：你是总裁的顾问，正与总裁一起处理一个兼并的案子，由于一个细节问题，总裁不断地考虑，导致所有重要步骤都要被迫停顿。此时，责任在你身上，你应该提醒总裁，这个时候追究细节对公司没有好处。

这么做需要一点勇气，但是，如果对客户来说，与你合作是正确的决策，你就应该督促自己帮助他们下定决心。也许这样做反而还会增加客户对你的信任，想象客户会这样对你说："我们很容易分析过度，所以需要决断力。是你帮助我做出了决定，其他人都有机会这么做，但只有你真正做到了。看来，我们是一个很好的团队！"

8. 随时做好转身离开的准备。 如果客户想要压价，要求用同一个价格获得更多的数量，或以采购量大为理由要求你提供折扣。有些客户会不断地要求并向你施压，除非你明确地跟他说："现在的条件就摆在桌上，都是通过我们共同的努力得到的，您也了解，价格是不容改变的，已经包括了所有应该考虑的因素。你们可以多考虑考虑，但我认为我们已经本着公平公正的原则为你们提供了最佳的方案。如果我们双方都能认可现在这个价格，我相信我们将会有一个成功的、令人满意的合作，如果不能，那也许我们的缘分还没有到。"

有时候，客户看不到方案的价值，所以才会试图不断地压价。如果是这种情况，早在成交铺垫阶段就出现问题了。也有时候，客户只是单纯地觉得应该谈谈价格，一旦听到你上面的说法后，他就会认同并开始签约合作了。

9. "不"未必意味着拒绝。 当客户说"不需要"的时候，不要轻易相信。在交易型销售过程中，通常建议你至少提 5 次要求，才可以达到签约的目的。注意，这里不是交易型销售。你要透彻理解客户说"不"的真实原因。追问之下，客户可能会说："其实你们的方案确实不错，只是我们觉得不太适合。"你要接着这个话题询问原因，具体什么地方不适合，哪些环节不适合。也许是他觉得你提供的方案中有些部分没有必要，所以决定从你的竞争对手那里购买了。不要担心，此时客户还没有最终决定与你的竞争对手签约，你仍有回旋的余地。

即使客户决定与你的竞争对手签约了，你也应该设法了解一下是哪个对手，他们的方案是什么，也许还有机会，因为客户仍然可以在其他方面与你合作。有时候，客户与一个公司开始合作，不到6周就发现不太合适，这种情况并不少见，如果你不追问，也许就错过了最后的机会。

10. 一旦成交，就别再推销。我们经常能够看到一些销售人员在成交之后还在说一些销售的话。客户都同意合作并决定签约了，销售人员还在说，"这是我们需要做的……我们通常是这么做的……这里还有一些问题将在第一次会谈时提出"。这时候客户往往就会产生疑惑，"噢，现在又来了20个新问题。看来，签约前我还需要回办公室再与其他同事讨论一下……"记住，一旦客户认同了签约，你就要马上确定签约时间和地点。这时候必须停止继续销售，否则，到手的合约又没了。

当你发现自己正步入成交阶段，务必牢记RAIN模式原则1——追求双赢。如果你能将客户的利益始终牢记在心，你就能在销售过程中处处为客户着想，尽最大可能满足客户的需求。不过，你也必须让自己成功拿到合约，否则就是两败俱伤。在考虑所有因素后，如果成交对客户确实是正确的决定，你就没必要担心客户看出你想成交的意图。

第16章

卓越的表现，建立在核心知识上

销售业绩良好的公司，难道只是因为其销售人员优秀、薪酬优渥？千方百计与客户建立了良好的关系，却因专业知识匮乏而错失订单，岂不可惜？

> 我们应该知道，作为专业销售人员，我们需要不断学习、不断发展、不断变化。
>
> 畅销书《绝对成交销售加速手册》作者戴维·库克

销售业绩良好的公司与一般的公司做法大相径庭，这并不奇怪，因为他们的销售方法一样的话，那就没法脱颖而出了。如果有人好奇它们的主要区别在哪里，有些说法是这样的：销售业绩良好的公司聘用的人更加优秀，薪酬体系也好，更有动力。

10 万美元订单缘何不翼而飞？

这些说法都很有道理，毕竟高回报确实更容易吸引优秀的人才。不过，还有一个很少被提及的话题，那就是：知识储备。销售人员具备宽广知识面，更容易理解客户面临的挑战，将自己产品或服务与客户的业务关联起来，从而获得客户认可，具体见图 16.1。

图 16.1 中，这 3 个因素有一个共同点：卓越的表现建立在核心知识面上。这也是 RAIN 沟通模式中强调的要点。现代社会销售竞争激烈，杰出的销售人员必然是多面手。

第 16 章 | 卓越的表现，建立在核心知识上

	顶尖	平均	薄弱
销售过程中展现了扎实的知识面	4.1	3.8	3.8
能够理解客户业务面临的挑战	3.9	3.8	3.7
将产品或服务与客户的业务挑战关联起来	3.9	3.6	3.5

图 16.1　RAIN 模式中顶尖公司的知识储备标杆

案例分享
Rainmaking Conversations

仅因不了解公司的新产品而错失订单

ACME 公司将要采购一些电子设备，与销售人员签订了合约，这家公司非常欣赏销售人员提交的解决方案——一次性支付 10 万美元，4 年内可节省 200 万美元。他们合作非常愉快，一切进展顺利。

3 个月后，这位销售人员所在公司的副总裁找到他："我有朋友在 ACME 工作，他说我们前几个月给他们安装了一套设备。"

销售人员："是啊，是我们的设备，一切进展顺利。我们给他们解决了一个巨大的麻烦，一共能节省 200 万美元呢！"

副总裁："可你没有注意到他们还有另外一个麻烦吗？"

销售人员："是的，刚注意到。不过我们的核心产品对那个麻烦没有太大的作用。我们还有其他的产品能够解决那个麻烦吗？"

副总裁："当然了！而且还是世界领先的技术，恰好就是解决

229

那个问题的，大约需投入 10 万美元，同样也能节省 200 万美元。可现在他们在与我们的对手谈这个合作呢。"

销售人员："噢，早知道这个领域我们也有方案就好了……"

副总裁："太糟糕了！我也是偶然发现他们还有那个麻烦的，我们的对手刚宣布了与他们的合作，那本应是我们的订单！"

这个发现给销售人员提供了巨大的发展机会。销售人员对其所销售的产品以及进入的市场了解越多，就越能够为客户解决实际问题并成为专家，他的销售业绩也就遥遥领先。

如果销售人员缺乏相关的知识积累，他就无法成为某个领域的专家，就会错过本不该错过的机会。

如果销售人员对公司的产品有全面的了解，他就绝对不会错过这么好的机会，不仅可以多签一个 10 万美元的订单，还可以借此巩固与客户的关系。RAIN 模式强调销售人员销售专业知识的储备，对所要销售的产品必须具备充分的认知（参考 RAIN 模式原则 5）。要想更快更好地成长，就要武装好自己的知识库。

"知识是销售的食粮"

想要超越行业界限，RAIN 模式高手必须对该具备的知识了如指掌。

建立基础知识框架库

所有销售人员都应该具备共同的基础知识，不论所销售的产品和服务有多么不同。多年来，RAIN 集团分析了这些基础知识，并建立了知识框架库，用来指导销售人员的成长。

你需要从基础上掌握以下 8 个种类的知识。

1. **公司期望**。销售人员必须知道公司的期望，应该付出哪些行动，及遵照哪些流程并落实到行动中。遗憾的是，美国有一半员工都不清楚公司期待他们做什么。在销售领域，公司的期望尤为重要，最基础的有：

- 应该设立哪些目标？
- 是否必须遵循特定的销售流程？
- 如果是销售新手，对自己有哪些成长期望？签多少单，多快出单？
- 公司期望销售人员应该具备的销售基础知识有哪些？
- 公司用什么衡量销售人员的绩效？
- 在成长的过程中，如何衡量销售人员的成败？
- 创造最佳业绩的员工是什么样的工作状态？
- 应该向谁请教我的行为是否正确？

无论公司是否有明确的行为指导和期望，销售人员都应该从以上要点出发，明确自己的目标。RAIN 模式原则 2 强调的就是目标的跟进。即使你的公司对你有明确的目标要求，你也应设立一个符合自己情况的目标和计划清单，让自己步入精英的行列。

2. **市场情况及公司价值定位**。必须了解你所在市场的过去、现状和未来可能的发展趋势，包括宏观的发展，还要了解客户领域的市场情况，市场中主要的竞争要点，以及你公司的定位及其提供给客户的价值。

在《客户如何购买》的研究报告中，我们通过对 200 家采购企业的分析，找到了影响他们做出采购决策的重要因素。90% 的客户认为"供应商能够提供的核心价值极其重要"。83% 的客户认为"供应商拥有其行业领域的经验非常重要"。客户尤其看中那些了解他们行业的销售人员，并相信他们能够提供有价值的解决方案。

3. 客户常见需求的类别。 想要在销售领域取得成功，你就必须对客户常见的需求有一个深刻的认识，即使是超级复杂的产品和服务，也可以清晰地分解出客户的需求，从而让销售人员在与客户交谈的过程中表现出系统、全面的专业水平。对客户需求的深入了解和熟悉也是优秀销售人员与普通销售人员的分水岭。优秀的销售人员更容易挖掘客户的痛点与渴望，也更容易赢得客户的共鸣和认同。

在图16.2客户需求模型中，每个类别都揭示了特定客户的潜在需求，这是以财务领域的客户为参考所制作的一个模型。6个类别中还有更详细的需求，见表16.1。你必须充分了解客户需求类别的来龙去脉和前因后果，如果对客户的需求失去判断，你就不能准确地将解决方案与客户的需求结合起来。

图16.2　客户需求模型

表 16.1 公司针对特定客户需求的解决方案

需求	满足客户需求的实力	深入揭示客户需求的提问	对客户产生的冲击力
类别：照顾他人 特定需求：为配偶规划足够的退休养老金 详述：客户需要考虑家人持续性的收入需求，以免自己出现意外。通常情况下，退休和配偶的过世会带来巨大的压力，从而导致生活水平的降低。	ABC财务公司的市场变动年金为客户及配偶提供终身收入，针对一方过世的情况，还能提供一生无忧财务保险。	"您已经有不少退休理财项目了，是否还会考虑一种持续终身的月收入理财方案，来对抗任何意外和风险？"	一生无忧退休收入计划 财务独立用于对抗意外风险 财务稳定以应对各种突发的危机情况

4. **公司提供解决方案的能力（针对客户的需求）**。毫无疑问，你必须深入了解自己销售的产品或服务，多数公司都将培训的重点放在对产品知识的了解上，使员工对产品有一个透彻的认识。然而，产品知识并不一定等于公司的产品市场定位，因为其市场定位通常都无法有针对性地符合客户的需求。因此，对公司产品或服务以及所提供解决方案的整体能力进行定位可以更好地帮助你迎合客户的需求，揭示出客户的问题，从而展现出最有冲击力的解决方案。

在不提供销售培训的公司，那些创造出超额销售业绩的员工都会进行自我培训。他们主动钻研自己需要掌握的知识（参考RAIN模式原则5），以客户的需求和购买流程为出发点，形成自己的冲击力模型，然后有计划地推动销售进程（参考RAIN模式原则4）。

5. **竞争态势**。销售人员应该充分了解，公司在特定情况下有哪些细节比竞争对手更胜一筹。如果你对竞争态势不了解，你将在销售竞争中处于劣势。

6. 销售策略、流程、技巧和资源。谈到销售策略和流程，你需要同时做两件事情才能成功拿到订单：不断跟进，遵循高效的流程。

首先，无论流程本身是否僵化，你都应严格遵循一个销售流程以推动签约。其次，销售流程越顺畅，销售人员就能拿到更多的订单。CSO 专刊中的一篇《2010 年销售业绩优化报告：流程分析》文章，将销售流程分成 4 种类型：临时销售流程、正式销售流程、非正式销售流程和随机应变式销售流程。其中，随机应变式销售流程比临时销售流程和较为松散的非正式销售流程更具影响力。

如果你所在的公司没有销售流程，就应该设计一个，并遵照执行。

在有销售流程的公司，RAIN 模式高手不但清楚流程并坚持贯彻执行，还会将公司的所有资源都设计为以流程为核心。

近年来，指导销售人员如何在特定情况下拿到订单之类的销售手册很受欢迎。RAIN 模式高手坚信，按照流程去做就是成功的法则。

> **RAIN Tips**
>
> 公司产品销售额达到历史最高纪录并取得最有成效的业绩的时候，也是公司对一线销售人员要求更加严格、强化销售人员的产品知识的时候。

7. 售后物流与服务。销售人员必须清楚，签约后客户将得到什么样的物流和服务。在销售交谈中，客户几乎肯定会问到"签约后将如何"的问题。如果表现出对售后物流服务不熟悉，客户就会起疑心。

8. 客户关系发展。参考第 6 条，你需要了解维护客户关系、深化客户关系和拓展客户关系的战略意义。如果你忽视了这一点，客户没有足够忠诚度，那么你的客户很快就会被竞争对手抢走。

以上 8 种知识储备突出了 RAIN 模式的销售人员需要建立的知识库体系。最后还有一个方面需要注意，那就是，对于以上这些知识，你掌握到了什么样的程度？

训练知识运用熟练度

设想一下，假设你和公司内部一个熟练的销售人员交谈，你问他一个问题，他马上就能告诉你正确的答案。

接着，再问他一个复杂或含糊不清的问题，此时，你能够感觉到他知道你在问什么，因为在回答你的问题之前，他会先澄清你要问的问题具体是什么，就如同医生诊断病人时的提问一样。然后，他直指你问题的核心进行回答，丝毫不浪费时间。

这就是你和熟练的销售人员交谈的感觉。他们拥有相当准确、快速、广泛及深度的知识积累。在销售领域，这意味着销售人员具备的销售专业知识是正确（准确）的。他们能够将正确的知识毫不犹豫地讲解出来（快速）。此外，他们还能将理论知识与销售实践紧密结合（这就是广泛和深度）。见图 16.3。

多数公司的产品培训都停留在准确的水平，想要达到熟练程度，销售人员就只有靠自己的努力了。

假设你正在培训一个财务经理使用特定电子表格的一些功能。培训结束后只要这个经理知道如何使用那些功能就可以了，即使有时他会迟疑片刻，然后陷入思考，"嗯，怎么做来着？让我想一下……噢，对了！现在我想起来了。"但是，如果你训练一个销售人员仅仅停留在准确的水平上，这个销售人员在回答客户提问时很可能就会卡壳："等一下，我知道这个。我还参加过这个培训呢，应该是……是……是……"就算最后这个销售人员想起了正确的解释，那五秒钟的迟疑也早已破坏了客户对销售人员的信任。

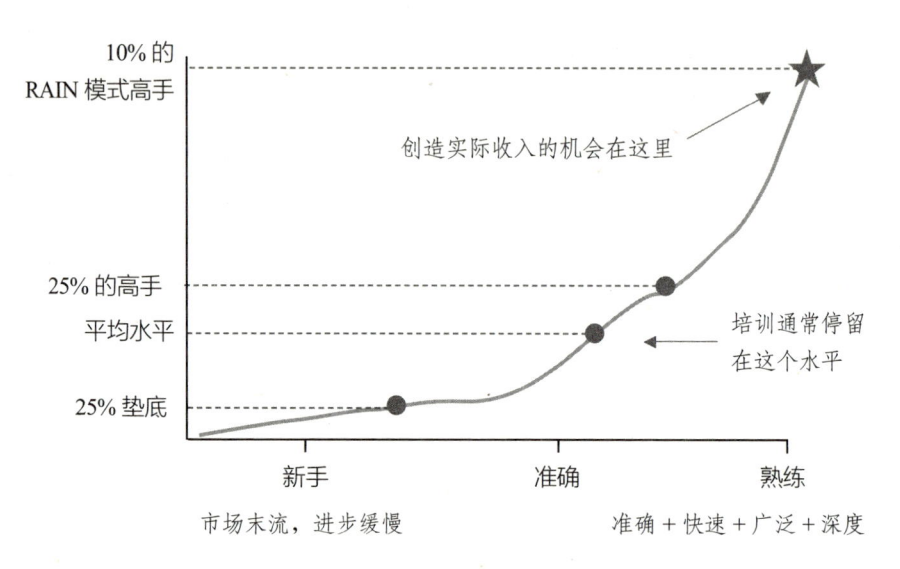

图 16.3　取得最佳销售业绩所需的知识熟练度

当你听到购买信号的时候，如果你没有马上响应，可能就会丢掉订单。如果你没能在恰当的时机问出关键的问题，你就会失去挖掘客户额外需求并向他提供更广泛的方案的机会。如果针对客户的异议你没有给出一个很好的答复，你的订单就泡汤了。

准确对销售来说是不够的，仅仅知晓产品的知识也是不够的。你需要的是熟练：准确＋快速＋广泛＋深度。

柏拉图曾说："知识是灵魂的食粮。"其实，知识也是销售的食粮！

第 17 章

成功来自有备而来

每次登门拜访客户时,如果毫无准备轻松上场,你的每次出席都能赢得订单吗?

备战销售会谈,你在脑海中是否问过自己 6 大问题?

为什么与潜在客户是大学校友这一关联优势却比你的行业优势更能取得好的效果?

> 沟通，首先是面对自己，如果你连跟自己都不能沟通，那么怎能奢谈和陌生人沟通。
>
> 美国最佳保险经纪人雷蒙·A.施莱辛斯基

"80%的成功来自出席。"伍迪·艾伦的这句名言对有备而来的销售人员来说同样非常准确。有时候，你只需要到场就可以了，哪怕你还没有做好任何登门拜访的准备。如果登门拜访仅仅是为了自由探讨（说到哪里算哪里），不做任何准备就出席也可以看作是合理的。

然而，如果每次商业合作都采用这种方法，你一定会失去一大笔本该属于你的销售订单。无论你是用2 000美元还是200万美元的价格来增加赢得新客户的概率，在登门拜访之前，你都需要做同样多的基础准备工作，了解同样多的必要信息。

每次拜访客户前，你都可以先回答下面的6个备战问题，这将帮助你做好成功签约的准备。

备战问题1：客户的现状是什么样的？

问自己这个问题可以让你对客户有一个全面的认识。一般来讲，你的销售目标、你能提供给客户的价值以及你在销售会谈中预计涉及的内容都来自你对客户现状的认识和了解。

如果你对客户的现状一知半解，问问自己在会谈前还可以做哪些调查。你的目标是快速发现客户现状中的障碍，以便在会面中不至于让客户感到厌倦，从而将你视为那种做足功课的专业人士。明确地告诉客户，你还将做更多的工作，以确保客户在今后的每次会谈中都能获得最大回报。

备战问题 2：针对这个客户，我的销售目标是什么？

每次销售会谈的目标都不同。你可以问自己如下几个方面的问题：

◎ 通过这次会谈，我们是否要探讨如何与他们建立关系、探讨客户的需求，和对方讨论我们可以提供什么样的方案帮助他们？

◎ 要见的这个客户是否是现有客户，我可以向他介绍我们新推出的产品或服务吗？

◎ 约见的这个客户，去年与我们的合作情况如何，会谈中是否还能向他推荐我们的新产品，从而提升客户的忠诚度？

◎ 我们公司的其他产品和服务是否还能对他们产生附加值，是否需要向他们推荐这些产品和服务？

◎ 客户现有的供应商是否合适，是否要尝试取代他们？

◎ 这家客户所在的部门与我的合作能否拓展到他们其他部门？

◎ 这家客户是否有足够的潜力，我可以出差访问他们在 5 个不同城市的分公司，以及他们的竞争对手，从而在会谈时添加到产品推荐的展示资料中，来强化我们的产品对他的价值，以形成足够的冲击力，让其当场就想与我们合作？

无论对眼前的客户制订什么样的目标，你都要确定这些目标在会谈中将是得体恰当的，也是客户最有可能感兴趣的。

备战问题 3：我期待的会谈结果是什么？

这个问题的答案显而易见，不过很多销售人员在面见客户前都没有现实地考虑会谈结果。我们的建议是：如果你不能明确会谈后想得到的具体结果，那还是不要见客户了。具体的会谈结果包括：

◎ 争取客户替我引荐他们内部的其他决策者。
◎ 找到过去客户对服务不满的真正原因，争取客户将来还会考虑与我们合作。
◎ 充分弄清楚客户将为其新产品的推出做哪些工作，争取将我们可以提供的价值添加到方案书中。
◎ 把握机会与客户回顾一下上次提交的方案书，并争取得到客户愿意进行下一步发展的承诺。

尽早开始销售会谈的计划工作，这样你才会有足够的时间了解客户的现状，并有针对性地做好准备。

备战问题 4：我的关联优势有哪些？

每次销售会谈中，你都有机会用到你的一些关联优势。只有事先了解对不同的客户可以用到哪些关联优势，你才能充分将它们发挥出来。

以下是你可以考虑的一些关联优势举例：

- 我们同客户的董事会成员有密切关系，能知道总裁的最新消息。
- 我们的公司与客户的工厂只有不到 10 公里的路程。
- 我们了解到客户对现有的供应商很不满意，而且知道原因。
- 客户派人参加了我们公司的宣传会，并给出了很好的评价。
- 客户的现任财务总监曾在我们公司工作过 3 年，同我们公司另外两个部门的高管仍然保持联系。

你与客户的关联优势越多，你签约的可能性越高。当然，你也可以突出自己在销售行业内有目共睹的领先地位来强化自己的优势，不过真正实用的优势还是与客户直接关联，比如你和潜在客户是大学校友，或你曾与客户在相同行业工作，或其他对你有利的关联。

备战问题 5：我的相对弱势有哪些？

这个问题是备战问题 4 的延伸。也许你比竞争对手的经验少，也许竞争对手与客户合作的时间较长，而你只是新来的挑战者，也许你的产品无法主宰竞争市场。熟知自己的相对弱势有助于你提前做好准备，从而在销售会谈中将弱势化为优势，或至少消除弱势的影响。

也许你的竞争对手在行业内的经验更丰富，口碑更好，而他们也将一直做下去，如果你对此有所准备，你就可以这样引导话题：

"没错，他们在行业内的经验确实丰富，那是因为他们的产品比较集中。而我们的优势是，我们涉及的服务面更广泛，我们能够从行业外采纳更多的经验为我们的客户提供价值。你知道那家XYZ公司吗，去年，他们筹建了一个新的部门，涉及不同的行业，在执行了我们的合作方案后就节省了7%的费用。也许这在您的公司也同样适用。有关具体做法我们可以逐条展开，不知您意下如何？"

有了充分的准备和计划，你就可以从容面对客户提出的异议和棘手问题。

备战问题6：下次见面前，我应该落实哪些行动？

销售会谈准备清单能确保我们不遗忘任何事情并逐一落实。所以，你不妨花点时间思考下面4个要点，这样，你的销售会谈就可以得到更好的筹划，并可以落实到更多具体的行动上：

◎ 事先掌握了客户的现状。
◎ 从业务发展的角度逐条落实目标。
◎ 稳步实现预期的结果。
◎ 充分了解自己的关联优势和弱势，以应对特定业务会谈中可能遇到的各种话题。

也许对伍迪·艾伦来说，他一生中80%的成功都来自出席，但对于绝大多数成功的销售人员来说，成功来自有备而来。

请访问网站：www.rainsalestraining.com/booktools，你可以下载销售会谈计划工具以及样板。

第 18 章

这些失误别犯，签约机会不断！

在销售会谈开始前，你曾因缺乏准备工作、自我竞争力不强、说话穿着不得体、将客户当成假想敌、追求单赢而非双赢而失去会谈的机会吗？

在开场白阶段，你曾因缺乏寒暄、臆断客户的想法、夸夸其谈、不懂倾听而导致会谈中断吗？

在交谈过程中，你曾因忽视决策人、接受客户的搁置、过早提交解决方案、不合时宜地询问预算、过早放弃而失去客户吗？

> 人生就像对弈，一步失误，全盘皆输，这是令人悲哀之事；
> 而且人生还不如弈棋，不可能再来一局，也不能悔棋。
>
> 精神分析学派的创始人弗洛伊德

你经历过类似的情况吗？眼看着一段销售对话正常进行，你却发现了一些失误的地方，眼看着双方答非所问，陷入僵局，自己把会谈搞砸了，而你却一点也帮不上忙，无能为力。

也许对话一开始还进行得比较顺利，接着就急转直下，也许在刚开始打招呼的时候就出现失误了。无论是哪一种，出现的失误都是显而易见的。遗憾的是，无论何种原因，搞砸销售会谈的肇事者就是找不到原因。

销售会谈的失败往往都是在平静中默默发生的。无论销售会谈的失误大如象还是小如蚊，失误就是失误，本该签约的没能签约，本该克服的异议没能克服，本该商定的价格没能商定，失败总是源于销售会谈中的某个地方。

这里，我们要将销售会谈中的失误分为4个类型：

◎ 销售会谈开始前就存在的失误。

- 开场白阶段所隐藏的失误。
- 交谈过程中出现的失误。
- 自我弱点引发的失误。

我们将在后面逐条展开上述的 4 个失误类型。在此之前，你还需注意的是，如果你能始终遵照本书提供的建议去做，绝大多数情况下你就已经知道该如何避免一些重大的失误。

销售会谈开始前就存在的失误

无论你有多么高超的销售沟通技巧，只要出现下面任何一种情形，你能够顺利进行销售会谈的契机就会变得很小，甚至在销售会谈开始前，一些失误的种子就已经埋下了。

1. 缺乏准备工作

表现：访问客户前，没有充分的准备，不知道对方公司的主营业务，甚至不了解与会人员的级别，对可能发生的事情缺乏准备。

后果：现场发挥、随机应变都无法掩藏你开会前没有准备的事实。你在许多方面都无法开展有效会谈。客户会产生反感，并想尽办法结束会谈，转而寻找那些更令人信任的专业销售人员。

锦囊：参见第 17 章。

2. 尚未建立起自我竞争力

表现：缺乏专业知识和独到见解。

后果：提问缺乏深度，没有主题，讨论不够具体，做不相关的评论，提出的建议没有针对性，不能提供独到的见解。客户会感觉你对他们帮助不大，不能从一般的销售人员中脱颖而出。更常见的情况是，客户认为你不专业，并进而对你所代表的公司产生怀疑。

锦囊：参见第 16 章。参考 RAIN 模式的所有章节，当客户有异议时，尤其要注意把握好说服与询问的度。

3. 专业素养问题

表现：会谈迟到，甚至忘记会谈，会议日程混乱，穿着不得体或用语失当。

后果：客户轻微地感到吃惊。会谈从一开始就给客户留下了不好的印象，销售人员需要不断地解释。有关产品的介绍，客户都懒得继续听下去，他觉得你不具备资格。

锦囊：请准时。会前核实日期、地点等。着装要得体。注意用语，保持清醒。

4. 敌对心理

表现：把客户想象为敌人，他们处处算计你，或不计代价地想要打败你。

后果：无法建立信任关系，或者一开始就弄虚作假，通过表面做戏建立起信任，后来客户发现实际情况与你所承诺的不一样，你将永远失去客户的信任。

锦囊：如果你是发自内心地想要帮助客户取得成功，那么你就会成功。参考 RAIN 模式原则 1：追求双赢。

5. 无法挖掘新客户

表现：始终无法拓展新渠道。

后果：约好的会谈总是无效（经常重复约见客户，试图挽回已经会谈失败的客户）。由于缺乏新客户资源，只能在已经没有希望的客户群中不断寻找约见的机会，结果只是徒劳。

锦囊：参考 RAIN 模式原则 6：每天创造新对话。参见第 13 章。

6. 缺乏跟进

表现：没有持续跟进销售渠道中的客户，没有和他们保持紧密联系。

后果：与客户关系陷入僵局。会谈内容都是应付，错失了所有合作的机会，也失去了与其他潜在客户建立关系的时机。产品与服务都已经不在客户选择的范围内了。而竞争对手却因及时跟进而拿到订单，在你失误百出的时候，客户已与竞争对手签约。

锦囊：对重要的客户进行排序，并按照优先次序安排跟进计划。同时还要将所有跟进的过程都记录下来。定期与重要客户进行联系沟通。经常回顾自己的重要事项清单，整理并调整次序。如果你无法应付高价值的客户，可以请求同事或经理的协助。

7. 追求单赢而非双赢

表现：没有尽最大努力，没能为拿到订单而付出全部精力。

后果：所有环节都有问题。欠缺专业知识，欠缺有效跟进，逃避挖掘客户，与客户关系恶化，让竞争对手脱颖而出。所有阶段的会谈内容都没有效果。

锦囊：参见 RAIN 模式原则 1：追求双赢。检视自己的热情、欲望以及承诺的程度，回到目标设定的环节，将所有的热情化作追求成功的动力，为卓越的成功奉献出全部的自己。

开场白阶段隐藏的失误

开场白阶段的失误是非常明显的，尽管多数都隐藏其中。虽然有些失误你可能已经了解，不过知道这个失误与避免这个失误是两回事。

无论失误是否明显，每天都在发生。这些失误造成的损失是巨大的，同其他类型的失误一样，都会造成惨重的结果。

> **RAIN Tips**
> 成功的销售人员会审时度势地选择不同的开场白技巧。

1. 缺乏寒暄

表现：缺乏与客户互动的能力。尤其是在电话销售中，无法快速与客户互动起来。原因有很多，如用词不当、乏味、不吸引人、不会消除紧张的气氛、没有微笑或皮笑肉不笑、傲慢轻视、不真诚、着装不当、没有倾听、转移话题不当等。

后果：无法将曾经营造的良好氛围顺利延续到正式的销售会谈中。无法成功约见第二次会谈。客户即使想购买也多数不会考虑从你这里购买，他们觉得与你沟通就像在战斗。

锦囊：参考第 13 章和第 5 章的相关内容。

2. 缺乏理解

表现：主观地以自己的想法臆断客户的想法，客户感觉不被理解。

后果：客户怀疑你提的方案是否真的有效。不理解客户脑海里真正的想法就提出建议，这样成功的机会非常小。

锦囊：如果你真的完全理解了客户的处境（请重新阅读有关 RAIN 模式的所有内容），务必通过口头表达或书面形式向客户确认核实。

3. 滔滔不绝

表现：在整个销售会谈中，你总是不断在说，停不下来。

后果：没有互动的交流，客户无法全面了解情况，渐渐就会失去兴趣。

锦囊：参考第 6 章。

4. 缺乏倾听

表现：客户觉得你根本没有在听他们讲事情。

后果：整个会谈完全失效。

锦囊：第一，主动倾听。

第二，将你听到的表达出来。保持目光接触，身体前倾，频频点头，不要打断客户的话。

第三，将你的理解讲出来与客户核实。以此显示你听到了他们的心声。

5. 缺乏说服力或缺乏话题规划

表现：无法提供有价值的想法和建设性的意见来推动话题的进展。

后果：客户没有理由继续相信你提供的解决方案，对你提供的建议产生怀疑，觉得你不过是将常见的东西销售给他们，而不是为他们提供客户化的解决方案。客户觉得还是自己在开车，没有人给他提供建议、指明方向、选择路线。而你的竞争对手能够驱动客户积极主动地思考，成为决定方向的人。

如果你们提供的是类似的技术，你肯定会在竞争中失利。因为客户更加信任你的竞争对手带给他们的价值。

锦囊：主动迎接挑战，承担责任，把自己的想法讲出来，提出你的建议，驱动交流的话题。参见RAIN模式原则8：控制进度，成为改变的代言人。

6. 不了解客户的采购流程

表现：对客户采购流程的环节和步骤缺乏足够的认知。

后果：损失是广泛的，包括对决策者的判断失误，太早或太晚提交方案，不能满足客户的购买需求，在技术上失利，不能在采购的每个环节中凸显自己独特的价值。

锦囊：深入了解客户的采购流程。参见RAIN模式原则4：先买后卖。

7. 缺乏有冲击力的沟通

表现：客户不理解，也不相信，或者根本就不认为从你这里购买可以让他们取得成功。

后果：客户没有购买的紧迫感，没有积极应对客户提出的价格异议，最后让竞争对手拿到了订单。

锦囊：创造冲击力，充分与客户交流沟通，并反复强调效果。

8. 缺乏清晰的新现实

表现：客户看不到使用前后的对比图，不了解与你合作后会发生什么样的变化。

后果：客户很难看到效果，也得不到清晰的解释，对进展的流程认识不清，从而失去了进一步讨论的兴趣。

锦囊：遵照第8章的建议，创造一个新现实。

9. 缺乏信任关系

表现：客户怀疑你的动机，质疑你的竞争力，不相信你的说法，觉得你无法解决他们的问题，没有签约的必要。

后果：客户从犹豫不决到从此再不愿与你合作，甚至还会主动破坏你的信誉，因为你将他得罪了。

锦囊：遵照第5章的建议，与客户建立信任关系。

交谈过程中出现的失误

在销售过程中，如果有些事你不该做却做了，或本该做却忘记做了，这些事哪怕看起来再微不足道，也足以毁掉你的会谈，从而让你错失这个订单。这里仅列出一些常见错误，这些失误都是可以自己避免的。只要不断提示自己，你就可以学会在不同RAIN模式中关注这些细微之处。

1. 销售流程中忽视了客户方的关键人物。在销售过程中忽视了关键决策人的存在是销售成交的致命之处，只要决策方有人不同意，或者由于你没能恰到好处地让关键决策人参与进来，他不觉得你的方案好，不认同它的效果，导致客户迟迟不肯签约。

2. **没有投入精力，没有实际投资，就没有订单**。如果客户在销售过程中没有参与感，没有投入时间、资金和精力去解决问题，当然也就不愿意进一步推动合作的进展。客户在销售过程中付出的努力越多，就越有助于推动签约。

3. **接受客户的搁置，错过最佳时机**。时间会扼杀一切。时间延误得越多，合作签约的可能性就越低。俗语说：趁热打铁。这句话在今天仍然适用。

4. **讨好与傲慢**。有时，客户会将销售人员当作同事来看待，尤其是在他真正有需求的时候，他会认同销售人员，并达成共识。如果此时销售人员过度殷勤地讨好客户，客户感觉你们就不是平等的合作关系了。而如果你觉得客户有求于你而态度傲慢，同样也会失去平等的关系。而对待客户中职位级别较高的人，你用强势来表现自信也是无效的。

5. **过早提交解决方案**。如果你在不清楚客户的具体需求的情况下就提交解决方案了，客户就可能再也没有下文了。过早提交解决方案还容易引发客户对价格的施压。总之，在没有透彻认识客户的需求之前，提交解决方案是严重的失误。

6. **没做笔记**。如果你不能在销售过程中做到事无巨细、提笔就记，就很有可能会遗忘已经承诺客户的内容。如果你再询问同样的问题，客户就会觉得你根本没有倾听。

7. **不合时宜地询问预算**。许多销售技巧类的书籍都建议销售人员询问客户的预算。但是要注意，你不能在错误的时间以错误的方式询问。不合时宜地询问客户的预算，会让你快速出局。

8. **漫无边际地沟通**。销售沟通是有目的和方向的，绝不能陷入与销售目标无关的话题。你不能拿自己最近的度假感悟用于建立客户关系。

除非你了解到客户也去过同样的地方或你与客户关系亲密。

9. 过早放弃。当客户拒绝你或没有回复你的留言或邮件时，可能他感兴趣但只是那天太忙，可能他们习惯了在接受之前先说"不"，又或者是他想要看看你有多执着。你往往需要多次尝试才能接触到客户，推动销售的前进，往往需要克服多项异议才能成功签约。

自我弱点引发的失误

销售领域的专家大卫·克兰写过不少有关自我弱点的文章，这些被隐藏的弱点拖了销售人员的后腿，他分解出 5 类最主要的弱点：

◎ 易于陷入感性困惑
◎ 迫切需要得到认可
◎ 忽视客户购买的周期性
◎ 报价障碍
◎ 自我设限

每天，这些弱点都在无形中影响着销售会谈，扼杀签约的可能性。与开场白失误和交谈过程中出现的失误不同，这些失误对销售会谈的影响是在销售人员不知不觉中发生的。

想要克服这些无形的弱点，首先就要充分认识自己的弱点并了解它是如何产生影响的。其次，你需要用一个手电筒来找到弱点隐藏在哪里，然后计划将其消除。如下，我们将逐条揭示这些被忽视的弱点。

1. 易于陷入感性困惑

容易陷入感性困惑的销售人员根本无法集中精神应对客户的挑战。

触发的因素有很多，客户对价格的异议，销售进程暂停了一段时间，出现了竞争对手，这些挑战经常让销售人员自暴自弃。

销售过程如同回旋球，你需要听出客户真正的心声，有些销售人员在听到客户的拒绝后就开始分心了，他们一心想着自己接下来该怎么做，从而失去了对整个会谈的控制和把握。由于销售人员的走神，销售会谈急转直下。

2. 迫切需要得到认可

迫切需要得到认可的销售人员会回避向客户提出尖锐的问题，他们会担心客户不喜欢这个问题，从而影响与客户建立的关系。避免冲突的心态还会导致销售人员不愿意给客户打电话，因为害怕听到拒绝。想要成为受人喜欢的销售人员没错，但是，过度渴望会令销售人员无法与客户平等相处，从而也就无法成功签约。

比如客户说："现在还不是考虑这些问题的时候，你还是3个月后再联系我吧。"

迫切需要得到认可的销售人员就会说："行吧，没问题！"然后将联系客户列入日程规划，3个月后再联系客户。

而不渴求得到认可的销售人员就会说："让我好奇的是，您现在考虑的问题都有哪些呢？"当客户回答后，销售人员就可以进一步判断，客户也许并没有考虑到，作为供应商的我们可以给他们提供的好处都有哪些。

一番判断后，销售人员就可以说："实际上你们目前正通过做这些事来试图实现那些目标（等待客户确认），如果可能的话，也许我们能够提出更多的想法，您提到的前两个目标应该是可以顺利实现的，而第三目标我们也许可以参与其中，以加快实现的过程，我们曾见到一些公司也是类似的情况，可最后都是不了了之了。"

这时候，客户也许就会说："噢，真的吗，为什么会这样呢？"

接着，销售人员就可以说："这样，您是否可以留出30分钟时间，有几个关键的步骤，我需要向您解释一下。我们甚至已经有了几种不同的方案可以落实，效果包您满意。"

客户说："好吧，周四怎么样……"

由于不担心客户会拒绝，销售人员就可以坦率地指出客户在实现目标的过程中可能导致效率低下的环节，而一旦销售人员提出来，客户就会马上开始考虑了。

3. 忽视客户购买的周期性

设想一下，假如你在一家大型连锁电器店销售电视，一个顾客进来看了一下，说："我们刚搬家，想要一套放在卧室里的LED电视和音响系统，你有什么好的推荐？"

你问了几个问题来确定客户的需求及偏好，然后说："我可以推荐的是62寸的LED，清晰度是这样的……如果采用蓝光也许更好，还有游戏系统、接收器、遥控器等整套的操作系统。"

然后顾客又接着问了几个功能方面的问题，系统的质量以及现在购买会有什么好处，最后问到了价格。

你告诉他："1.35万美元。"

于是顾客拿出了信用卡。

此时，第二个顾客进来了，你看了一眼就决定当作没有看见。这个家伙来了12次，本地区所有的电器店几乎都去过，他也在互联网上搜索过所有资料、价格和优惠计划，却总是讨价还价要求这个设备降几百，那个功能减几百，你的销售经理考虑后同意给他一个较大的折扣，而这个家伙却说还要再考虑一下，就拿着折扣价到别家店去询问了。这次他又回来了，张口就说："我还没有最后想好，现在还有一些问题想要了解一下。"

第一个顾客知道自己想要什么,所以当他找到自己想要的东西时,马上就做了购买的决定,并且没有讨价还价。第二个顾客无法做决策,且对价格敏感,几乎需要销售人员不断讲解,他认为所有的东西都可以商量,迟迟不下决定。

采购周期是一个人在决定购买时的考虑方式。忽视客户的采购周期对销售人员来说就意味着纵容犹豫不决的人,无限延迟客户的购买决策。

忽视采购周期的销售人员会对客户这样说:"我能理解,你想找到最合算的交易,换作我也是一样,你还想了解什么呢?"他们会回答客户的提问,再辅导客户理解一些技术问题,并帮助他们了解更多的需求等。然后,当客户问到价格问题时,他们要么回去问经理,要么说:"我看看能给你多少折扣吧。"

而正确了解采购周期的销售人员会这样处理:首先,他不会允许客户在价格上不断得寸进尺。在早期的交谈中,他就会向客户说明:"我们产品的技术是最顶尖的,我们还支持无理由全额退货,提供最好的安装服务以及最优良的售后服务。如果您只是在寻找低价的话,抱歉,我们这里并不是您最佳的选择。"

就算你的店铺就是以价格为主要竞争的武器,作为销售人员,你也应该这样向客户解释:"如果您用其他店的价格来对比完全同样的产品和服务,我们能够接受。不过,根据我多年的经验,其他店提供的低价产品绝对不能和我们家相比。"然后,再将焦点集中在价值上而不是价格。如果客户坚持讨论价格,销售人员就应该尽快结束会谈。

也许你认为如果不这样说会丢单,那你就继续下去吧。很少有公司会以价格作为竞争武器,而以价格为主要竞争手段的企业几乎难以成功。

如果你的公司是这种模式:"我们的标价会比多数同行要高,原因就在于我们提供的价值……"掉入价格争论的陷阱会让你进入无休止的退让阶段，缺乏对客户采购周期的认识就会卡在这里。

你也可以从第14章中寻找更多提升产品价值的方法来对抗价格异议。不过，知道怎么说与在实际交谈中说出来是两回事。如果你缺乏对客户采购周期的基本认识，你就会一直陷入在鼓励客户与你讨价还价的话题中。

案例分享
Rainmaking Conversations

忽视客户的采购周期而导致的不必要让价

几年前，我们接触过一个向大公司推销领导力培训课程的课程顾问。他跟进一个客户几个月后，客户终于在一次会谈中决定开始讨论合作的事宜，客户问："费用大约是多少？"

就在这个节骨眼上，我们的这位课程顾问说："应该是17.5万美元，如果你们觉得太高的话，我可以降到15万美元。如果您还觉得高，我就只有回去与经理协商了。"

这就是典型的忽视客户采购周期的销售人员，总是考虑价格问题，所以认为客户肯定也是这么想的。

这个客户后来对我们说："其实我们本来已经预备以17.5万美元的价格签约了。但是，如果能降到13.5万美元，为什么不呢？"即使面对的是一个优质的客户，忽视客户采购周期的销售人员也可能会损失一笔本该得到的利润。

4. 报价障碍

在咨询、律师、科技和营销等行业，我们每个月都会向客户推销按月付费的咨询服务。作为RAIN集团，我们把握了许多机会研究这些公司的销售情况。有一个特别突出的现象引起了我们的注意。同样的公司、同样的产品或服务，有些销售人员的业绩是其他人的 5 倍之多。一些人一个月只能拿到 1 万美元的订单，而有的人却能拿到 5 万美元。还有差异更大的，一个月 5 万美元的销售业绩已算不错了，但还有人能拿到 50 万美元的业绩。造成这种差异主要有一个原因，那就是销售人员的报价障碍。

报价障碍有两种形式：一种是一讨论价格就会感到不安，另外一种是讨论到一定的数额后就不舒服了。

第一种形式的报价障碍多数起源于童年时期的经历。讨论钱的孩子总是会遭到大人的教训，因为那是不礼貌的行为。父母有时会非常明白地告诫孩子，钱是不能讨论的，尤其不能对陌生人讨论。无论何时形成的这种心理烙印，都会影响销售业绩。

当然，到一定的数额就感到不舒服的销售人员也谈不成大生意，就算碰到大额订单，他也会失之交臂。

无论是哪一种报价障碍，销售人员都会在触及钱的时候出现状况，订单就这样没了。

客户说："讲得不错，在我们继续协商合作之前，你能不能告诉我，合作的话价格大约在什么范围呢？"

没有报价障碍的销售人员会说："大约 2 万美元到 4 万美元之间。"

而有报价障碍的销售人员就会说："噢，这当然没问题。首先，可能您会觉得比较贵……确实有那么一点。因为………不过最后你还是会觉得值得的。您需要投资的预算金额大约从 2 万美元起价……这也够低的了……最高到 4 万美元。您觉得怎么样，或者我们还是太高了？"

就算在电话里，电话线另外一头的客户还是能够听出来销售人员在谈到价格时的颤抖和不坚定，这会导致客户觉得奇怪：

- 这值吗？
- 怎么回事？
- 这是值得的，不过肯定能够拿到更低的价格，他们报价不坚定。
- 这人是认真的吗？这么低的价格，嗯……估计又是一个菜鸟！
- 这人是认真的吗？这么低的价格，嗯……我还是另找一个公司吧，要报价实在一些的，高不要紧，重要的是实在。
- 我不擅长电话销售。
- 我没有时间挖掘潜在客户。
- 客户总是不耐烦听我细说。

当客户想不明白你的价格到底是怎么回事的时候，就会继续讨论价格，从而导致销售人员更加紧张。一旦出现这种情况，所有的销售会谈都泡汤了。

5. 自我设限

试图找出人们的行为为何会这样的时候，心理学家称之为"思维定势"。这就是说，人们并不会对每天的情况都仔细考虑，不需要认真思考再决定该怎么做，只需要简单的本能反应。这些思维定势形成了人们的行为，构建了人们的思考模式，无论他们自己是否知道，都会如此机械地表现出来。

你也可以这样想，每当人们唱歌的时候，在脑海里并不是每句歌词都需要想一想……我们会按照头脑中既定的旋律自然出口。

一旦销售人员头脑也有一套这样的旋律，它们就会自动作用于销售，就如同一首歌曲自然流淌一样。

比如，销售人员有时会这样对自己说：

- 我与他们公司的总裁交谈就是感到不舒服,他又不属于我这个级别。
- 我的销售周期本来就长,没有办法缩短。
- 经济大环境不好,客户也没有多少钱。
- 没有成功案例的示范,我怎么能够拿到这么大的单子呢。
- 总是钱啊钱的,多让人不舒服啊。
- 我们的产品本来就难以销售。
- 我们的方案一旦发出去,就不好再改来改去的了。
- 客户现在已经有供应商了,而且合作得挺愉快,我们无法取代他们。
- 我不擅长电话销售。
- 我没有时间挖掘潜在客户。
- 客户总是不耐烦听我细说。

以上任何一条都会对销售会谈和签约产生消极的影响。如果你觉得见客户的总裁不舒服,客户在交谈中就会感觉到这一点,从而轻视你。如果你觉得无法缩短销售周期,你就不会有效地推动销售进展,也无法创造紧迫感,客户也不会快速决策。如果你觉得提交方案后再也无法更改任何的细节和标准,也就不会推动客户考虑更有价值的方案,同时也无法从众多供应商中脱颖而出。如果你觉得没有时间挖掘潜在客户,你的客户清单上的人数就会永远不够。

关于以上5类弱点,最难以克服的部分是要弄清楚你是否一直带着它们参加了一次又一次的销售会谈。每当我们展示出这些隐藏起来的弱点后,通常人们都有如下3种反应:

- 多数都说对了,我真是感到内疚,现在该怎么办呢?

- ◎ 这些听起来都不像我，我没有这些问题，直接跳过吧。
- ◎ 这不像是我，不过很像我周围的人。该怎么让他们认识到呢？

前两种反应说明，你所认识的自己与现实中真正的自己经常是不一样的。

克里斯·阿吉里斯（Chris Argyris）是哈佛商学院荣誉教授，他还担任摩立特公司（Monitor Group）的董事，他在组织行为学方面有突破性的研究，包括"名义理论"和"应用理论"。

他发现，人们的脑海中有关驱动行为的动机有两类。第一类就是"名义理论"，即人们宣称自己的行为所遵循的理论，甚至自己也信以为真的理论。第二类"应用理论"，即人们实际运用的、支配其活动的理论。

根据阿吉里斯的研究，虽然人们的"名义理论"是千差万别的，但大多数人却具有相同的"应用理论"。因此，名义理论与应用理论之间并不是一致的，实际上存在很大的差距，但人们一般很难意识到这种差距的存在。因为这种无意识也是被设计的，这种不一致同样也是被设计的。例如，我们要批评某个人时，为了保留对方的面子，就要以委婉的方式掩饰这种批评；为了使对方不太难堪，又要使对方感觉不到这种掩饰；还要为了使批评者自己心理平衡，再把这种掩饰变得无意识化。

换句话就是说，你很难通过询问简单的问题就判断出自己是否存在上述弱点。因为这只不过是"名义理论"。如果你想了解真正的自己，你就要运用实际的销售测试工具，从而发现你的真实弱点。

RAIN 模式原则 10 告诉我们，我们需要自我评估，寻求反馈，不断改进。严格地运用这个原则，并在销售会谈中消除自己的弱点，这样就会带来新的签约机会。

下编　中国案例

顾成文从事水泥大客户销售已经 8 年了，目前已经是华南大区总监。从事一线投标的具体工作，从接触客户，到草拟标书、开标现场，以及中标后的进一步洽谈，他都参与。回顾过去的 8 年，他对大区内中级水平的大客户销售顾问说道：

大客户销售工作的周期是漫长的，有时跟进一个客户长达一年多，短的也要两三个月，这期间与客户见面多次，有时在办公室，有时在工地上，有时在路上交谈，也有的时候在酒吧、饭桌上。每次交谈前，你是否都思考过，你与客户的交谈都是随机应变的，还是有规划的。这些谈话的内容是临时想起来的，还是之前就准备过，有没有一个框架，是不是都按照步骤，一步一步地推进与客户的关系，一步一步地赢得客户的信赖，一步一步地进入合作的关键领域，一步一步地走到后期的谈判、成交。如同下棋一样，每个棋手都有一个目的，那就是取得胜利，赢下这盘棋。对于我们销售顾问来说，目的就是通过合作让客户满意，让客户能够解决他们的问题，让客户得到他们需要的产品，还有服务。

下棋是有目的的，我们的工作也是有目的的。为了实现目的就必须有章法。下棋有棋谱，讲的是章法，做销售的也有步骤，步骤的次序错了，就不能达到工作的目的，或者就会中断，失去客户的信任，也就没有机会让客户体验我们的产品，从而达到满意效果了。

与下棋的人一样，每个棋手都有失误的时候，而最关键的是，优秀的棋手能够通过自己的失误得到教训，并在下一次纠正过来，于是，赢棋的比例也就渐渐提高。他们就是用复盘的方法来渐渐提高自己水平的。大客户销售也是一样，可以允许失误，但不能允许同样的失误重复发生。关键就看是否复盘。复盘就是静下心来，把与客户在一起说过的话回忆一遍，把过程重复地想一次，通常都能够找到自己不足的地方，于是下次就不会再犯类似的错误。这样坚持下去，错误会越来越少，拿到的订单也就越来越多，客户就越来越有机会体验到我们的服务，我们可靠的产品，我们的市场当然就越做越好。

总结以上得出3点：第一，必须要有规划，见客户前要仔细周全地想好；第二，每次见客户必须有明确的目的，这次要取得信任，下次要见到工程师，下次要知道他们过去用的产品，再下次要知道他们现在存在的问题；第三，必须复盘，每次都通过反思来清理销售的过程，犯了哪些失误，哪些地方做得不足，这样以后的错误就越来越少。

就这3点，也是我自己8年成长的体会，大道理不说那么多，从今天开始，先复盘，然后再罗列目的清单，最后规划详细的步骤。

每次见到客户都必须完成这3步，每个月交流、讨论，拿出案例来分析，大家的水平就能够一起得到提高。

听完顾成文的发言，我私下约访了他。他对我说，能够调到华南区工作的原因主要就是我在西北区成长非常快，而且扎实。用了 2 年的时间，把市场份额从不到 5% 提高到占主导地位的 41%。公司领导考察后决定把我调到华南区工作，其实也是让我把在西北区的工作经验介绍过来，这 3 点对大客户销售顾问的成长是至关重要的。事先的规划能够让人建立理性的头脑，设定阶段性目标能够让人学会稳步前进，不断复盘能够让人减少错误。就这 3 点，一年内所有的大客户销售顾问掌握 70%，我的市场份额相应提高 15%。这就是我的心得体会。

这是本书的最后一篇，你已经阅读完了吗？你能够在顾成文的发言中找到类似的要点吗？能够把顾成文的发言内容对应到这一部分中的一段话上吗？请写出来，发给本书的译者，邮箱是 yes4you@gmail.com。

附录 A

制订目标与行动规划的模板

访问 www.rainsalestraining.com/booktools 了解 39 个有关规划的问题，你还可以借助在线工具，为自己的销售行动进行组织和计划。

做好销售规划

销售活动是一个流程。如果仅仅用"签一个新的订单"或"完成年度指标"作为衡量的唯一指标，你将受到很大的打击，在复杂产品和服务的销售周期中，这些与成功相关的指标看起来会遥遥无期。

在你成长的路上，用来衡量成功的指标应该包括新约见的客户数量、合格的潜在客户数量、推荐的客户数量等。

获取全新的商机，你需要关注如下所有事项：

- 新的销售会谈。
- 商业机会。
- 客户获得成功。

◎ 每单的平均回报额。

◎ 得到的收益。

如果是系统的销售流程，还有更多的环节可以衡量：

◎ 每单的毛利和总收益。

◎ 目标客户的状态。

◎ 新约见客户的数量。

◎ 关系状态与互动内容。

◎ 销售周期的长度。

◎ 签约前的会谈次数。

◎ 会谈约见成本与收入。

◎ 客户的重复采购率。

◎ 团队与个人的进度。

◎ 销售人员对利润的贡献。

◎ 客户的平均规模。

在销售流程中，你可以根据附录 A 表 1.1 的示范为自己设定各个阶段的目标。

在一定的时间段内，签下多少数量的客户，你需要设定每个阶段的指标来为最终目标服务（见附录 A 表 1.2）。

如果你想弄清楚制约你实现个人目标的各种因素，请访问 www.rainsalestraining.com/booktools 网站下载营销漏斗分析工具，这个工具是由 Excel 表格文件组成，可以帮助你完成如下工作：

附录A

- 规划你的收入。
- 挖掘潜在客户必备工作清单。
- 锁定需要重点关注和改进的地方（比如销售培训、线索积累、客户推荐方案）。
- 计算客户的全生命周期收入贡献。
- 设定数据量化指标（每单平均收入，签约比率，客户忠诚度等）。
- 预测投资回报率，确定个人销售回报以及整体销售计划。
- 创建实际而有意义的新客户目标。

附录A 表1.1　销售规划目标模板

四月份目标的分类	量化指标
新会谈指标	20
机会指标	10
合格机会指标	5
签约指标	3
每单客户平均收益指标	2万美元
新机会收入指标	6万美元

附录A 表1.2　全年所设定的目标

全年的目标	每月需完成的数量
年计划要完成48个新的销售邀约	每月4个，全年12个月
利用演讲、网络视频、推荐人及现有客户等资源完成12个深度销售会谈	每月1个，全年12个月

确认可用资源的问题清单

如下的清单不一定全部都要包括，也不是所有问题都适用你。然而我们发现，这些问题可以帮助你全面系统地思考销售中的重要环节及取得成功的规划思路。

我的 RAIN 模式关键是什么？

- 为了销售成功，我准备好了吗？（心理驱动）
- 为了取得成功，我采取了正确的行动吗？（行动）
- 为了更成功，我需要掌握哪些顶尖的销售技能？我是否会按照步骤去掌握这些技能？（技能）
- 我是否遵循了正确的销售流程？（流程）

欲望与承诺

- 我非常渴望实现我承诺的结果吗？
- 为了成功，我愿意执行并落实计划吗？
- 过去的销售经历中，哪些影响了我的发展？
- 哪些我回避或没有付出全力的事情可能会影响我的成功？
- 我会多努力地工作？

销售知识

- 做好销售工作，我还欠缺哪些扎实的知识？
- 我清楚自己在市场中的处境吗？
- 我的公司知名吗？对我有帮助吗？
- 如何有效用好公司的品牌？
- 怎么做，才能够让人觉得我是有信誉的专业人士？

销售业绩

- 与每个客户的年度签约额是否达到了预期？

◎ 与客户第一次涉及价格时谈到的价格是过低，还是过高？

现有客户

◎ 现有客户还有哪些没有过问到的机会？

◎ 从现有客户这里可以得到哪些推荐？

◎ 对现有客户可以进行交叉销售吗？要与眼前这个客户进一步达成合作，还应该联系哪些部门的关键人？

◎ 我与现有客户的关系足够密切吗？如何评估这些关系？

◎ 是否有好的客户能替换掉低产出的客户？（比如采购额太低、利润太低）

推荐资源

◎ 我可以从哪些人手里积累潜在客户资料？

◎ 我建立过行业联系人群组吗？能否从他们那里取得资料？

首次联系的策略

◎ 不用长时间交谈，就能够将我的经验、公司的价值定位都表达清楚的方法，我有吗？一定要长时间的会谈才能够传达公司的价值定位吗？

◎ 在常见的话题交谈中，我是否能够侃侃而谈？

◎ 潜在客户知道如何联系我吗？

销售线索

◎ 我应该做哪些事情来挖掘销售线索？

◎ 积累销售线索有哪些技巧？

◎ 首次会谈我处理得是否妥当？

◎ 我的同事是如何积累销售新线索的？

沟通与签约

◎ 我与客户沟通时能打动他们吗？

- 我尝试签约的时机妥当吗?
- 我可以怎样改进我的签约流程?

资源

- 公司内部还有哪些资源我没有用好?（比如演讲座谈的机会、营销材料、社会团队会员等)
- 在行业内或目标客户的行业内,是否有朋友可以交往?
- 有哪些资源我可以更好地利用起来?（比如电子邮件清单)
- 我是否有销售或交际的预算? 我是否需要?
- 我是否知道为了达到目标需要继续做的工作?

附录 B

与客户沟通的邮件模板

亲爱的玛丽：

昨天在办公室的交谈非常愉快，有关技术运用的经验分享使我很受启发。在这个邮件中，我列出了我们讨论的内容要点，并列出了我们将要进行的关键步骤。

作为一家拥有 50 名律师的律师行，你们的团队花费了大量时间在电脑上。为了有效地运用高科技，贵公司开始讨论将 IT 部门的业务外包给我们，此业务不会涉及贵公司内部 IT 人员的替换。请考虑如下要点：

- 目前贵公司的技术人员已离职（你们在薪水、福利待遇上曾经每年为其支付 12 万美元），要尽快决定此事，减少律师在等待电脑支援时浪费的时间。
- 未来 12 个月，将增加 5～10 名新律师入职，也需要对他们的电脑提供技术支持。
- 过去曾发生过服务器故障，浪费了律师的时间，损失了约 15 万美元。
- 贵公司的现状是等待电脑技术人员的平均时间过长。

◎ 过去聘用的 IT 人员有优势也有弱势，一些高端的网络安全、链接问题是他们的弱项。

本公司擅长解决这类问题，并能够在合作开始后发挥效果，包括：

◎ 外包给我们合作比聘用 IT 人员要省钱。
◎ 立刻开始 24 小时对整个公司的电脑设备进行技术支持。
◎ 与我们的合作可以缩短对单一故障响应的平均等待时间。
◎ 比以往更加严格地加强对网络服务器的安全保护。
◎ 可以支援所有新入职人员的技术设备的安装与调试。
◎ 本公司有 40 名擅长 20 个不同技术领域的专家，能解决律师行常见的故障，有丰富的经验，可以提供全方位的技术支持。

我们已经和十几家律师行建立了合作，因此在这个领域技术支持方面的经验相当丰富。我从我们网站上下载了一些资料附在信件后面，它们可以证明我们在外包技术支持领域的领先市场地位。我们希望能在合作中运用这些技术、知识来为贵公司提供价值。

从目前来看，合作的结果是双赢的，为达成合作，我们需要进一步扩大交谈的层面，包括一些非常特殊的服务。您还提到应该邀请贵公司首席运营官斯科特先生参加会谈，请您根据他的时间安排落实下一次会谈的时间。确定会谈的安排后，我将准备好 3 种针对贵公司的情况所调整的外包操作方案，届时我们可在讨论中确定哪个方案更有针对性。

我将在周三打电话给您，落实下一步的会谈安排。合作愉快！

凯斯琳

附录 C

挖掘潜在客户时的注意事项

请访问网站：www.rainsalestraining.com/booktools，下载有关挖掘潜在客户的陌生电话呼叫清单以及相关工作计划模板。

检查清单：电话预约设置

使用这个清单来落实每一个电话联系的步骤，提高效率，从起步到收尾环环相扣。

提前规划

认清价值定位对会谈的作用。仅仅介绍主要业务是远远不够的，还要明确地让对方知道约见会谈"对我有什么好处"：

- 从需求开始。
- 谈论成交客户。
- 不用宣传的口吻。

- ◎ 不做播放机。
- ◎ 评估因果与逻辑发展。

整理清晰的呼叫名单，邀约的会谈内容要针对目标对象有所调整。

- ◎ 头衔是什么？
- ◎ 从事什么行业？
- ◎ 采购因素有哪些？
- ◎ 地理位置如何？
- ◎ 公司有哪些特点？
- ◎ 以往采购花费情况如何？

珍惜自己有价值的会谈时间

- ◎ 衡量客户的潜在价值。
- ◎ 要落实跟进。
- ◎ 拨打第一个电话，然后持续下去。

为一天的呼叫工作设定目标，尽力去实现

如果对象是高管级别，要注意呼叫的时间，一般为早上九点之前，或者晚上六点以后。

当发生下面的情况时，对自己要说的内容需熟练表达：

- ◎ 有人接听了电话。
- ◎ 对方的助理接听了电话。
- ◎ 进入语音留言状态后。

附录C

练习自己的话术

- ◎ 练习拨打推销电话的技巧。
- ◎ 参考陌生电话呼叫清单，制定相关的话术，并参考"电话推销话术"来提高成功率。
- ◎ 与同事、朋友和其他信任的人反复练习。

拨出号码前快速模拟

- ◎ 清清嗓子。
- ◎ 预备好日历，随时准备会谈。
- ◎ 规划好一组呼叫号码，一口气连续拨打（比如一组10个）。

交谈中

- ◎ 把自我介绍控制在30秒内，说明联系的理由，要快速切入要点。
- ◎ 第一通电话不要给太多信息。
- ◎ 展示自信，就像和同事交谈一样，不要开口就提抱歉。
- ◎ 给自己鼓劲，需要时可以站着说话。
- ◎ 讲话要缓慢，以便对方理解。
- ◎ 不要像对着稿子照着念，要体现真诚。
- ◎ 约定时间要有准确的日子，不要说：我们可以约见吗？
- ◎ 要注意倾听！听对方说，向客户核实后再回答。

联系后

- ◎ 记下联系的日子、时间，就算电话没有打通也要记下。
- ◎ 回顾一下刚结束的通话，有没有可以改进的地方？自我感觉如何？推测一下可能的结果，也是学习的机会。

◎ 如果你意识到有地方没说好，不要再想了，从错误中学习，下次改善，不要把时间浪费在悔恨上，赶快拨打下一个电话。

◎ 如果是清单中的最后一个电话了，休息一会儿，起来活动一下，喝口水，以便让自己保持清醒的状态。

通向成功的指路牌

◎ 确定好给客户打电话的时间段，并严格遵守。你需要不断改进并衡量你的结果。

◎ 不要拖拉，拿起电话就拨打。

◎ 在完成一天的呼叫数之前不要停，坚持打下去，邀约成功不过是概率游戏。

◎ 与人交谈时态度要诚恳。

◎ 脑海里始终记住愉快的交谈，你可能会遇到一两个粗鲁的人，但多数人还是有礼貌的。

◎ 陌生电话的呼叫可以配合邮件同步进行，这样可以增加成功邀约的机会。

业务发展联络规划示例

日期：8月7日　　　　潜在客户名称：ABC 科技

现状描述

- 周二上午 11 点向现有客户介绍公司新产品
- 客户在这个领域已经有了供应商
- 不确定客户对现有供应商是否满意

当前客户的业务发展目标

- 对于每年推出的新产品线，争取让现有已签约的客户再签新产品
- 继续保持与现有客户的联系，帮助客户发现新商机

期待的下一步结果

与现有客户的高层会谈，了解他们对我公司新产品的印象，以及可能出现的需求。

优势分析（哪些方面对我有利）

- 已经与客户建立了 7 年的联系，包括管理层
- 与竞争对手相比，我公司的产品表现突出
- 近期的项目成功地为客户节省了 200 万美元的成本

弱势分析（哪些方面对我不利）

- 遇到了竞争对手，还不了解客户对他们的评价
- 虽然与客户建立了长久的关系，但不确定他们对新产品的印象
- 客户公司的总裁换人了——我可能需要重新建立关系

下一步采取的行动

- 对新产品准备好新的介绍资料，学习相关的新知识
- 要求助理与客户确定会谈时间
- 在电子邮件中罗列新产品优势，在会谈前一天发出
- 在周二上午 11 点的电话联系中，了解他们现有供应商的情况
- 对客户的提问要集中在我方产品的优势方面
- 激发客户的兴趣，从而争取与对方的高层会谈
- 约见新总裁，并努力建立密切的联系

附录D

业务发展联络规划模板

日期：_____　　潜在客户名称：_____

现状描述：_____
_____
_____

当前客户的业务发展目标：_____
_____
_____

期待的下一步结果：_____
_____
_____

优势分析（哪些方面对我有利）：_____
_____
_____

弱势分析（哪些方面对我不利）：_____
_____
_____

下一步采取的行动：_____
_____
_____

后记

感谢你花时间阅读本书，感谢你付出努力学习 RAIN 模式的沟通。为了写作本书，我们付出了很多，当我们沉浸在写作的快乐中时，也希望你能在阅读中找到价值。

现在，一切都取决于你！

你是唯一能够决定自己是否能成功的人。如同你面对的客户，他们要做采购的决策，他们要有自己的时间表，而你有责任和义务设定一系列的行动，并落实最后的签约。

这是没有任何借口可言的！

在人生的旅途中，享受成功仅仅是第一步。在最后一章里，我们希望你能起步，并开始冲锋。你可以访问我们的 RAIN 模式网站，下载更多资料以及工具（www.rainsalestraining.com/booktools），还可以登录免费的在线 RAIN 模式学习课程，作为本书的同步配套。

现在，眺望一下你将面临的新前景！

想象一下 3 年后的今天，你在阅读《华尔街日报》的头条文章《从赤贫到暴富》，主角就是你！文章详述了你的蜕变历程，如何挖掘自己的潜能，从而缔造 RAIN 模式世界的神话。

文章里说了什么？你是如何做到的？都有哪些关键时刻？感觉如何？商业世界中许多尚未成功的人都想知道这一切是如何发生的。

当你讲述自己故事的时候，不妨想想让你成功呼风唤雨的 10 条 RAIN 模式原则吧。

1. 追求双赢。

2. 目标驱动。

3. 采取行动。

4. 先买后卖。

5. 成为熟练专家。

6. 每天创造新对话。

7. 主导高手销售会谈。

8. 控制进度，成为改变的代言人。

9. 勇敢。

10. 自我评估，寻求反馈，不断改进。

我们为你把文章的开始和结尾都写好了，你所要做的，就是用 3 年的实践来填写中间的过程。

……（3 年后的今天）

……（你的名字）曾经并不是销售顶尖冠军，然而，经过 3 年的努力，他/她终于创造了辉煌的 RAIN 模式业绩。同时创造了一个全新的销售神话。

"我认识到我还需要提高自己的销售技能，我必须立刻行动并向目标

后 记

出发!"……(你的名字)回忆道。"下面是我的故事,我就是这样一步一步走到今天的。"

……(在这里放上你的故事)

"而我想,剩下的故事你们都知道了,"……(你的名字)满脸含笑。这个笑容微妙地向我们传达了一个信息:RAIN 模式,让生活更美好!

好了,现在就走出门,去呼风唤雨吧!

海派阅读
GRAND CHINA

READING YOUR LIFE

人与知识的美好链接

20年来，中资海派陪伴数百万读者在阅读中收获更好的事业、更多的财富、更美满的生活和更和谐的人际关系，拓展读者的视界，见证读者的成长和进步。现在，我们可以通过电子书（微信读书、掌阅、今日头条、得到、当当云阅读、Kindle等平台）、有声书（喜马拉雅等平台）、视频解读和线上线下读书会等更多方式，满足不同场景的读者体验。

关注微信公众号"海派阅读"，随时了解更多更全的图书及活动资讯，获取更多优惠惊喜。读者们还可以把阅读需求和建议告诉我们，认识更多志同道合的书友。让派酱陪伴读者们一起成长。

了解更多图书资讯，请扫描封底下方二维码。　　微信搜一搜　海派阅读

也可以通过以下方式与我们取得联系：

📞 采购热线：18926056206 / 18926056062　　📞 服务热线：0755-25970306

✉ 投稿请至：szmiss@126.com　　　　　　　　🌐 新浪微博：中资海派图书

更多精彩请访问中资海派官网　　www.hpbook.com.cn